見るだけ筋トレ

Muscle training through visualization

JN013852

和田拓巳
Takumi Wada

青春出版社

はじめに

この本を手にされたということは、「最近カラダがたるんできた…」「そろそろ鍛えないとまずい…」と感じているからではないでしょうか。

そう思ったが吉日！　ぜひ筋トレをはじめましょう。

とはいえ、熱心に筋トレに励んでも、残念ながら思ったほど効果が出ずにやめてしまう人が多いのも事実です。

19年に渡りスポーツトレーナーとして指導してきて、効率の悪い筋トレ、効果を得られない筋トレを行っている方が実に多いことを実感しています。

その大切なポイントが、筋肉を「見る」こと。

もちろん、ただ筋肉を眺めるだけで筋肉がつくわけはありません。本書でいう「見る」とは、【筋肉の正確な位置や付き方を見る＝しっかり筋肉を意識できる】【筋トレ中の動作や姿勢を見る＝安全で効率のよい動きで行う】【効果を見る＝なぜそのトレーニングをするのかを知る】ことです。

トレーニングの原則のひとつに「意識性の原則」というものがあります。筋肉を「意識する＝見る」効果はとても大きく、鍛えている筋肉を意識することで筋肉への刺激が増加するという研究報告がいくつもあるのです。

本書では、鍛える筋肉を詳細なイラストで「見る」だけで、カッコいいカラダを作ることができます。「見る」大切さを知り、効果を引き出すひとつのテクニックとして活用してください。

さあ、準備はいいですか？　自分のカラダをさっそく「見て」いきましょう！

見るだけ筋トレ

contents

筋トレ効果は「見るだけ」で倍増する

見るだけ筋トレ

筋トレ効果は「見るだけ」で倍増する

なぜ、鍛える筋肉を「見るだけ」で効果が倍増するのか！

あなたは筋トレの効果を最大限に引き出したいと思いませんか？

そのためには筋肉を「見る」必要があります。もちろんジーッと眺めていても筋肉は刺激されません。筋トレ中に鍛えている筋肉を「見て」「意識する」ことで、効果が高まるということです。

本書では意識性の原則をもとに、「見ること」の重要性を説明していきます。

◉鍛えている部分を細部まで意識するために「見る」

ここで質問です。「腕立て伏せはどこを鍛えているのでしょうか？」「スクワットは？」皆さんは答えられるでしょうか。

腕立て伏せは上半身を鍛える、スクワットは下半身を鍛えるという回答は、正解のようで不正解です。そもそもエクササイズは、メインとなるひとつの筋肉を効率よく刺激するために考えられています（一度に複数の筋肉を刺激するものもあります）。上半身、下半身というおおざっぱなイメージだけでは、筋肉がたくさんありすぎて、細部までしっかり意識することができていないといえるでしょう。

鍛えているのはどこの筋肉なのか、そしてその筋肉がどのように動いているのかをしっかり「見る」ことによって、筋肉への刺激量が増え、高い効果を引き出すことができるのです。

◉「見る」ことを体験してみよう

試しに肘を曲げ伸ばししてみましょう。このとき、力こぶが盛り上がるのを見ることができるでしょう。このように筋肉の動きを見ると「あ、この筋肉が動いているんだな」と頭で理解でき、どの部分が刺激されているかがわかります。

刺激が加わっている部分がわかれば、そこをより意識して最大限に筋肉を収縮させることができるのです。これが「見るだけ」で効果が増す理由です。

ただ肘を曲げ伸ばしするのと、力こぶの部分を意識して動かすのを実際に行って比べてみてください。意識したほうが、疲れる感じがするのではないでしょうか。これはしっかり力が入っている証拠です。

「見て」意識することは、最大限に力を発揮するということにつながっているのです。

正しいフォームで筋トレしても、上の空では意味がない！

筋トレ中、世間話や考え事をしていませんか？

それはおすすめできません。筋肉を意識せず、上の空で筋トレをしても、効果を最大限に引き出すことができないからです。

意識して筋肉を動かすことをＭＭＣ（マインド・マッスル・コネクション）といいます。意識（マインド）と筋肉（マッスル）をつなげる、という考え方です。筋肉を意識して筋トレを続けることで、思った通りにカラダを動せるようになります。

「思うように動かないところはないよ？」という人もいるかもしれません。しかし、意識しやすい指は繊細な動きができる一方で、カラダの中央にある体幹部は意識しにくいため、気づかないうちに動きにくくなっています。

特に、肩甲骨を動かす役割を持つ「僧帽筋《そうぼうきん》」や「広背筋《こうはいきん》」。これらの筋肉はカラダの背面にあり筋肉の動きを「見る」機会が少ないため意識しにくく、動きが見えて意識しやすいカラダの前面の筋肉に比べ、筋肥大させるのが難しいのです。

ではここで、ＭＭＣの効果を高めるために知っておきたいポイントを詳しく紹介しましょう。

①筋肉名・どこについているのか

筋肉の名前と、どこについているかを確認しましょう。筋肉には起始・停止という骨への付着部があります。そこまで覚える必要はありませんが、この辺りにあるということだけでも覚えておきましょう。

②筋肉の働き・どのように動いているのか

筋肉の名前や場所を覚えたら、次はその筋肉がどのような動き（働き）をするのかを確認しましょう。筋肉は一方向へしか収縮しませんので、それほど難しくはないでしょう。

③エクササイズのやり方と、どの筋肉を鍛えているのか

エクササイズはターゲットの筋肉を効率よく刺激するために、姿勢や動作などが考えられています。正確に行うことで筋肉を効果的に鍛えられるのです。

④その筋肉をより刺激するためのエクササイズのポイント

エクササイズをより効果的に行うポイントも頭に入れておきましょう。手首の角度や肩の回旋《かいせん》、脚の向きなど、ポイントがいくつかあります。それを逃さず意識して行うことで、筋トレ効果がさらに高まるのです。

人生には、いつだって筋トレが必要だ！

この本を見てくれているということは、日常に筋トレを取り入れたい！と少しでも考えているからでしょう。その今のモチベーションは、時間がたつにつれて薄れていってしまいます。はじめるなら今！なのです。さらにモチベーションを高めるために、なぜ筋トレが必要かを「見て」みましょう。

①見た目の改善

スポーツジムには年齢よりも若く見える人がたくさんいます。その理由は、筋トレ後に多く分泌する「成長ホルモン」。骨や筋肉、臓器のほか、髪の毛や皮膚の成長を促し、カラダを維持するために必要なホルモンです。

成長ホルモンは年とともに分泌量が低下していくため、運動などを行い分泌量を維持することでカラダを若々しく保つことができます。

そして運動の中でも、筋トレは特に成長ホルモンの分泌に効果が高いのです。

②体力の向上

筋力がつけば、重いものを持ったり長時間歩いても疲れにくくなるなど、体力が向上し、活動の幅が広がります。

しかも筋トレをすると、柔軟性も向上します。筋トレで柔軟性を高めるには、可動域を大きく使った正しい動作が必要です。

③ストレスの解消

運動後、気分がスッキリした！という経験はありませんか？ それは、筋トレも同じです。今まで持ち上がらなかった重量が上げられたときのうれしさや、つらい筋トレを頑張った心地よい疲労感や達成感は最高です。

逆に筋トレが習慣になると、筋トレをしないとストレスがたまるはずです。そこまでいけば上級者です。

◉筋肉はバランスよく鍛えよう

前項で説明したように、筋肉には鍛えやすい部位と鍛えにくい部位があります。しかし鍛えやすい部位ばかり鍛えてしまっては、本来あるべき筋肉のバランスが崩れてしまいます。

筋肉バランスの崩れは姿勢の悪さや関節の痛みにつながったり、ケガのリスクを高めてしまう原因にもなります。意識しやすい筋肉だけでなく、意識しにくい、特にカラダの背面の筋肉をしっかり鍛えるようにしましょう。

筋トレ効果を最大化する3ステップとは！

トップアスリートは、効果を高めるためにビデオや画像を活用し、細部に至るまで動作やフォームを専門家とともにチェックします。「関節の角度はどうか」「姿勢はどうか」「ウエイトを上げる軌道はおかしくないか」など、その都度フィードバックし、意識しながら目的に合ったトレーニングに励むのです。

とはいえ、一般の人が同じように行う必要性はありません。しかし、そこまでとはいかなくても、チェックする必要はあるでしょう。

「どうやって意識すればいいの？」「何を見ればいいの？」。わからなくても大丈夫。意識して効果を最大限に引き出すための3つのステップをお伝えします。

◉STEP1…「見て意識化」＝刺激する筋肉を理解する

まずは、筋肉の動きを見てみましょう。筋肉が細くなったり太くなったりするのを見て確認することで、その筋肉を意識しやすくなります。

スポーツジムでタンクトップなど露出の多い服を着ている人がいます。これは、筋肉を周囲の人たちに見せたがっているわけではありません（そういう人もいるかもしれませんが)。露出部分が多いのは、しっかり筋肉を「見て」意識するために必要なのです。

◉ STEP2…「意識しながら筋トレ」=筋肉を見て、触りながらトレーニングしてみる

筋肉は力を入れると収縮し、ボコッと盛り上がり硬くなります。

エクササイズ中、ターゲットとなっている筋肉を見たり触りながら動かし、筋肉の変化や硬さを確認してみましょう。

もし、自分では触れられない場合は、トレーニングパートナーに触れてもらうという方法もあります。

◉ STEP3…「鍛えた筋肉を見て触って確認」=パンプアップした筋肉を確認してみる

インターバル中にも、鍛えている筋肉を触ったり見たりして確認してみましょう。

筋肉を刺激すると、パンプアップと呼ばれる一時的に血流量が高まることによる筋肉の張りが起こります。トレーニング後、いつも以上にカラダつきがよく見えるのは、このパンプアップの影響です。

トレーニング直後にカラダの写真を撮り、どのくらい違うか写真を蓄積してもいいでしょう。そのときに行ったエクササイズと照らし合わせることで、どの筋肉に効いているのかを理解できるようになります。

「見るだけ」筋トレは、このやり方で！

筋トレをはじめる前に、まずはエクササイズの効果を「見て」みましょう。効果を知ればモチベーションも上がります。

そして、筋肉を「見て・触って」、効果を高めましょう。

筋トレには目的に合わせた【負荷設定×回数】があります。ただ、今回は自重トレーニングを中心に紹介しているので、負荷を変更するには工夫が必要です。

そのため、テクニックのひとつ「コンパウンドセット法」を提案します。コンパウンドセット法とは、同じ筋肉をターゲットとしたエクササイズを、ほとんど休憩を入れずに連続して行う方法です。そうすることで筋肉をさらに刺激できるうえ、２つ目のエクササイズではより筋肉を意識することができるのです。

はじめはそれぞれ8～10回を目安に行います。２つ目のエクササイズで、限界がくる回数を目指すとよいでしょう。

また、効果を出し続けるためには、負荷を徐々に上げていく必要があります。負荷を高めるために回数やセット数を増やしていきましょう。

見るだけ筋トレ

がっしりした肩を作る

パイクプレス

意識する筋肉

三角筋《さんかくきん》

「見るだけ」で
モチベーションも
UP!

どこ 肩の関節を覆うように付着している筋肉です。

働き 腕を前に上げたり横に広げる動きで力を発揮します。

ポイント 広い肩幅やたくましい肩回りを作るには、肩の筋肉である三角筋を大きくする必要があります。三角筋は上半身の中で最も大きい（筋体積が多い）筋肉なので、上半身のボリュームを大きく増やすことにつながります。

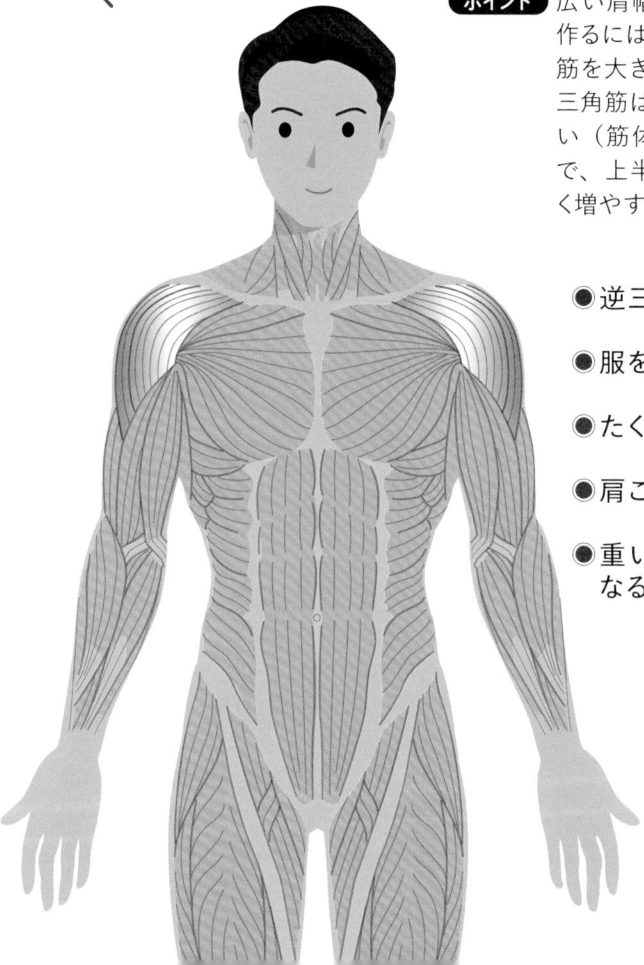

- 逆三角形の体型になる
- 服をカッコよく着こなせる
- たくましさが増す
- 肩こりが改善する
- 重いものが持てるようになる

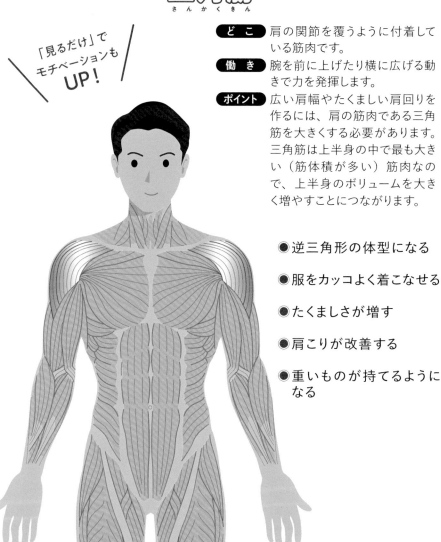

\\「見るだけ」で効果倍増!//

三角筋

腕の力ではなく、三角筋にグッと力を入れる。

手幅が狭いと違う筋肉に効いてしまうので、手幅を広くして可動域全体をしっかり動かそう。

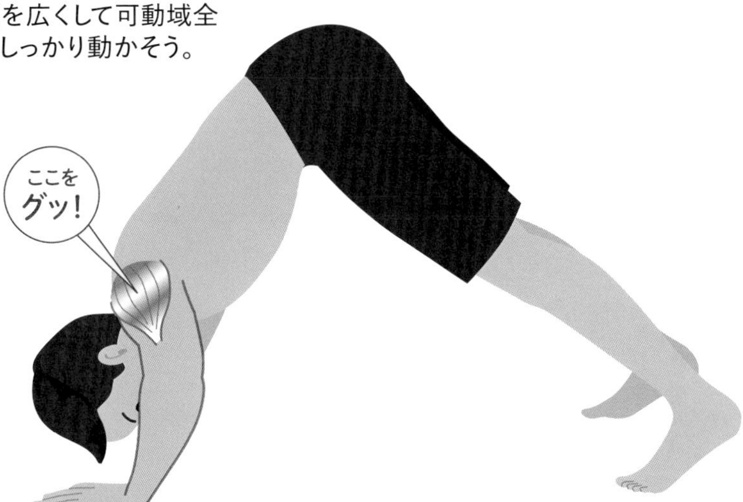

First exercise

パイクプレス

1 四つんばいになり、両手は肩幅よりこぶし2つ分外側につく。この姿勢から膝をまっすぐに伸ばして、お尻を上げる。

2 1の体勢から、肘を横に開くように、ゆっくり曲げていく。

三角筋にしっかり負荷がかかっていることを意識する。

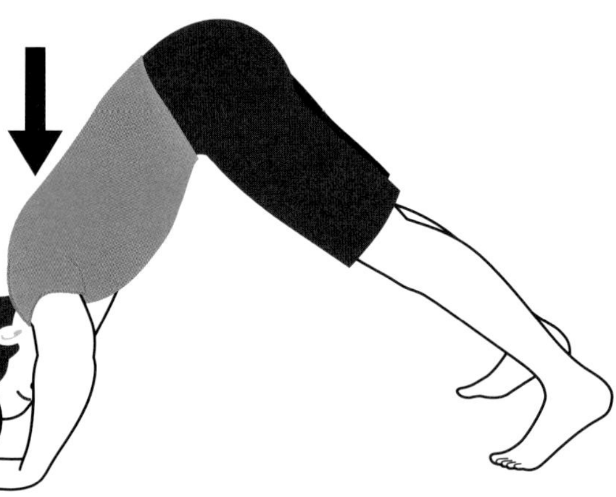

3 できるところまで曲げたら、肘をゆっくり伸ばしていき、1の姿勢に戻る。この動作を繰り返す。

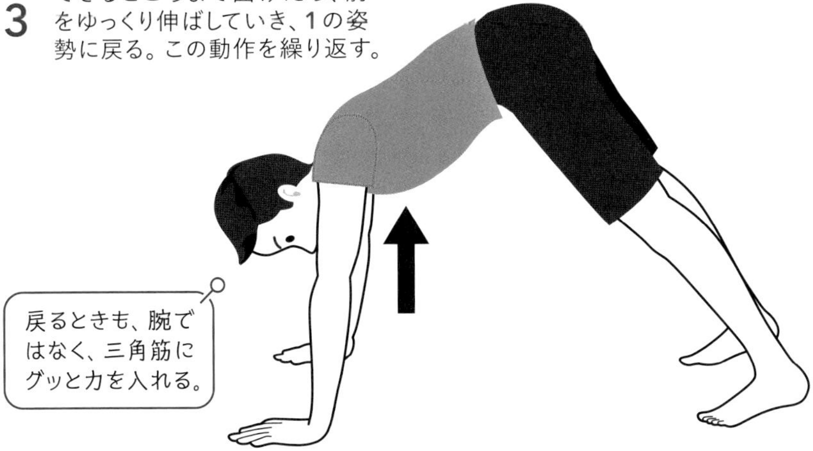
戻るときも、腕ではなく、三角筋にグッと力を入れる。

パイクプレスが終わったら

一度パンプアップした三角筋を見たり触って確認してみよう！
確認したら休憩を入れず、次のエクササイズへ！

Second exercise

デルトイドマッスルアイソメトリクス

1 親指以外の両手の指同士をひっかけ合うように、胸の前で指を組む。

2 両手の指同士を離さないように、全力で引っ張り合い、10秒間キープする。

3 組んだ手の上下を入れ替え、同様に行う。

三角筋に力が入り、盛り上がっているのを目で見て確認してみよう。

たくましい力こぶを作る

アームカール

意識する筋肉

上《じょう》腕《わん》二《に》頭《とう》筋《きん》

「見るだけ」で
モチベーションも
UP!

どこ 肘を曲げると出てくる力こぶ。この筋肉が上腕二頭筋です。上腕二頭筋は、“長頭”と“短頭”という2つの筋肉があります。

働き 長頭は主に肘を曲げる動作、短頭は肘を曲げる動作と前腕部を外側にひねる動作で鍛えられます。

ポイント 日常動作で使うことが多い筋肉なので、負荷をしっかりかける必要があります。

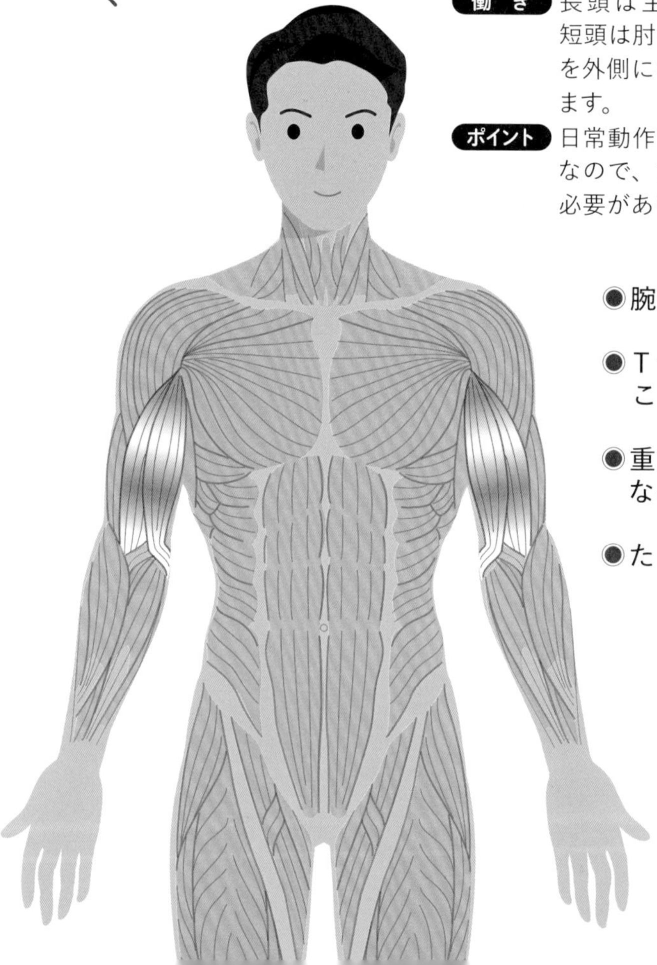

- 腕が太くなる
- Tシャツをカッコよく着こなせる
- 重いものが持てるようになる
- たくましさが増す

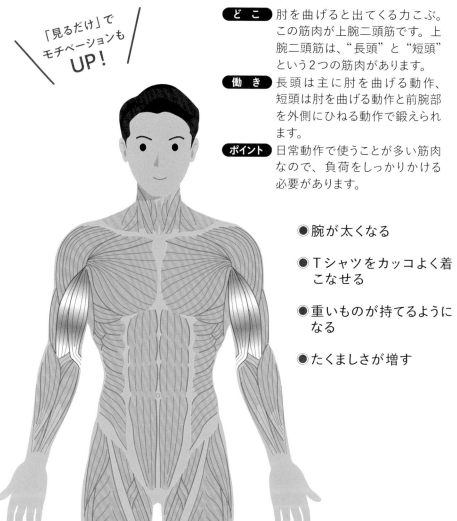

「見るだけ」で効果倍増!

上腕二頭筋

力が抜けるポイントを作らず、常に力が入った状態を作る。

まっすぐに動かすより、小指を内側にひねりながら上げると筋肉を最大限に収縮させることができる。

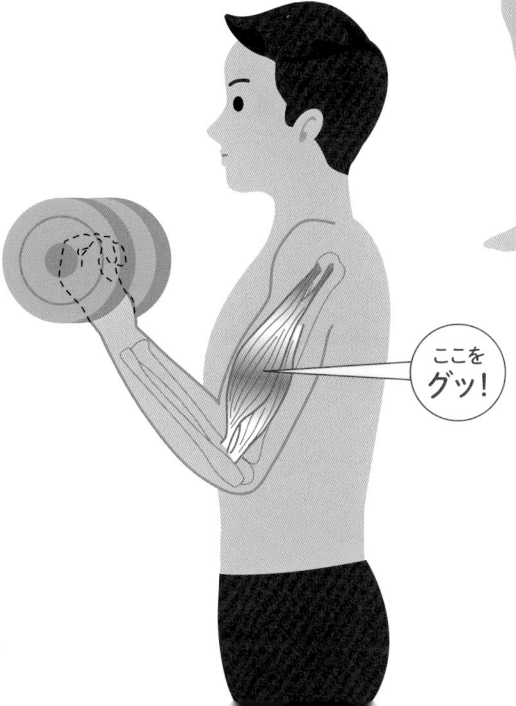

First exercise

アームカール

1 両手は肩幅程度に開き、手のひらが上になるようにダンベルを持つ。足は肩幅程度に開き、膝を軽く曲げ、背筋をまっすぐ伸ばして頭の位置を固定する。

2 肘を腰より少し前に出して固定し、そのまま小指が自分のほうに向くように手首をひねりながら、肘を曲げてダンベルを持ち上げる。手首が肘の真上にくる手前で止める。

手首が肘の真上にくるまで曲げてしまうと、上腕二頭筋から力が抜けてしまうので注意。

3 ゆっくりと元の位置に戻していく。肘の位置が動かないようにしっかり固定しながら行う。伸ばし切る直前で止めて動作を続けると力が逃げずに効果的。

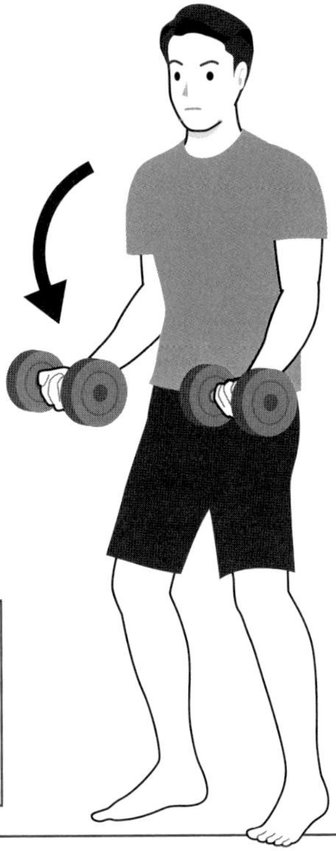

勢いよく下ろすのではなく、上腕二頭筋への負荷を感じながら下ろすこと。

アームカールが終わったら

一度パンプアップした上腕二頭筋を
見たり触って確認してみよう！
確認したら
休憩を入れず、次のエクササイズへ！

Second exercise

パームカール

1 右腕の手首を左手で抑える。

2 左手で下への抵抗をかけながら、その抵抗に負けて肘が伸びていかないように右肘の角度をキープする。

3 その姿勢を10秒間キープ。反対腕も同様に行う。

＊肘の角度をいろいろ変えて行おう。そうすることで上腕二頭筋全体を鍛えることができる。

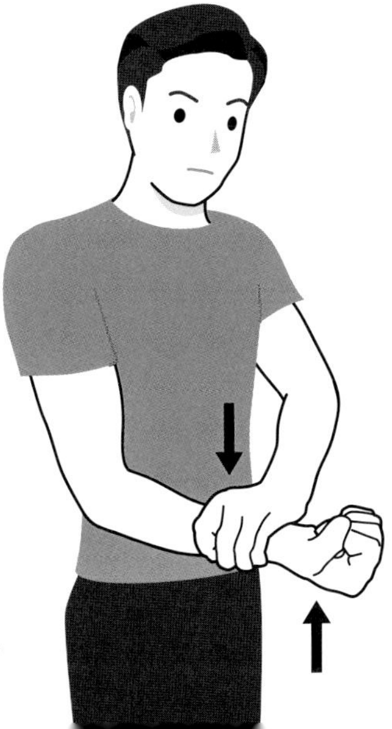

両腕とも全力で力を入れよう。力を入れたときに力こぶがグッと盛り上がるのを見ながら行うと意識しやすい。

腕を太くする

ナロープッシュアップ

意識する筋肉

上腕三頭筋《じょうわんさんとうきん》

「見るだけ」で
モチベーションも
UP！

どこ 腕の裏側に付着している筋肉です。

働き 肘を伸ばす動作で力を発揮します。

ポイント 腕を太くするために、いわゆる“力こぶ”の筋肉である「上腕二頭筋」を鍛える人は多いかもしれません。しかし実は、腕を太くするには、上腕三頭筋を鍛えたほうが効果的。上腕三頭筋は、上腕二頭筋の倍近い筋体積（筋肉の大きさ）があるからです。

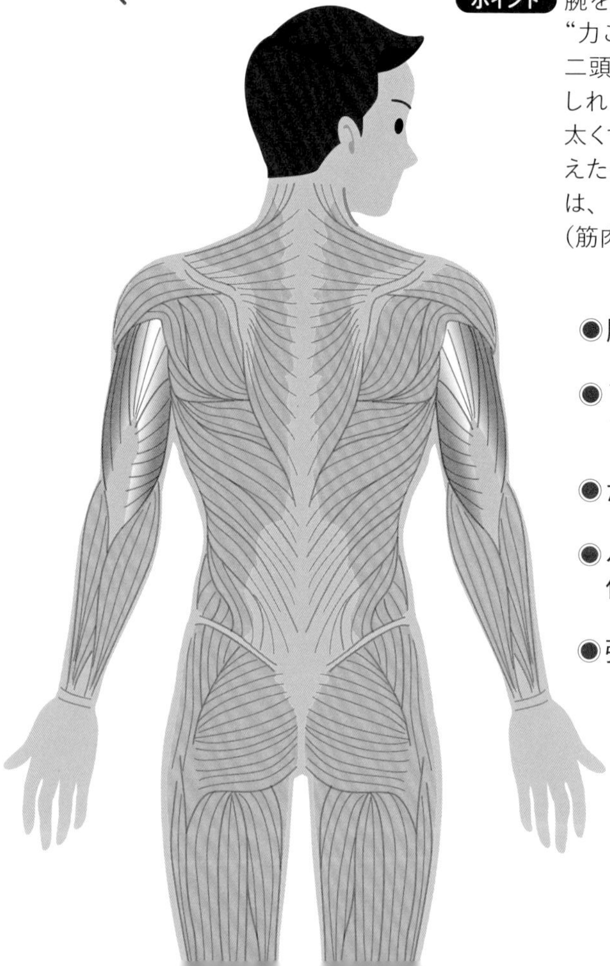

- 腕が太くなる
- Tシャツをカッコよく着こなせる
- たくましさが増す
- パンチ動作や投げる動作が力強くなる
- 強そうに見える

「見るだけ」で効果倍増!

上腕三頭筋

脇を締めるようにして行うこと。肘を広げると上腕三頭筋の可動域が狭くなり、効果的に鍛えられない。

腕でしっかり地面を押す意識で行おう。

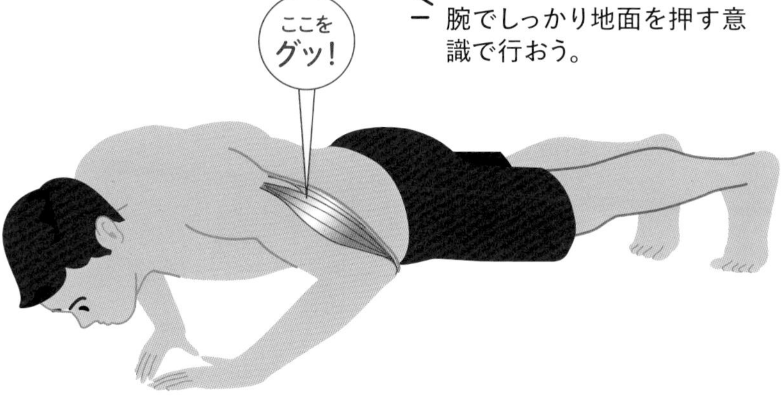

First exercise

ナロープッシュアップ

1 両手の親指同士をつけて、手で三角形を作るように床につき、腕立て伏せの姿勢になる。

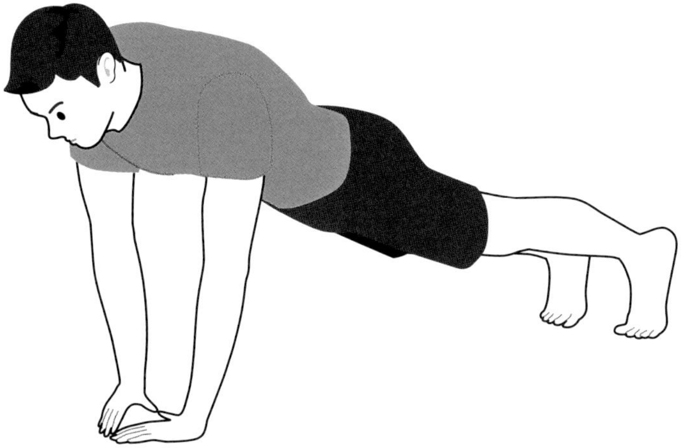

2 脇を締めたままゆっくり肘を曲げ、胸が手につくくらいまでカラダを下ろしていく。

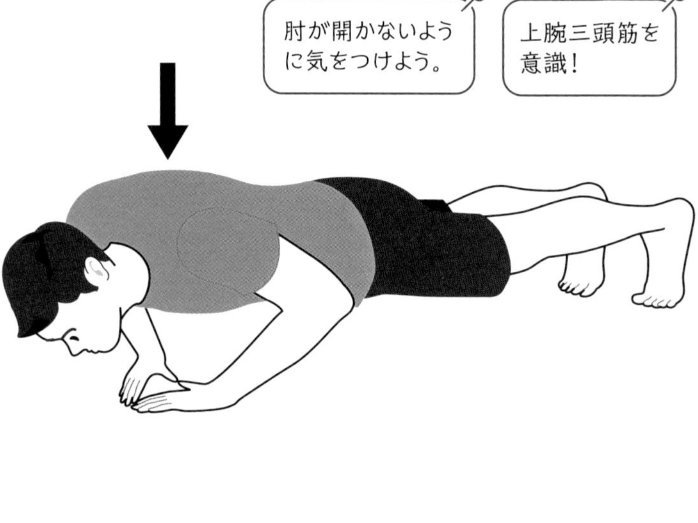
肘が開かないように気をつけよう。
上腕三頭筋を意識！

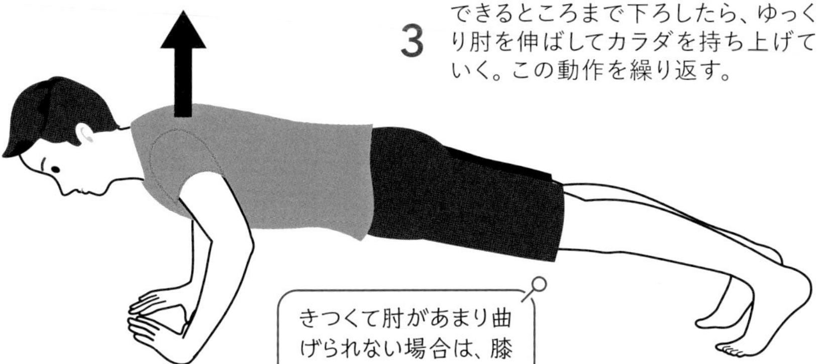

3 できるところまで下ろしたら、ゆっくり肘を伸ばしてカラダを持ち上げていく。この動作を繰り返す。

きつくて肘があまり曲げられない場合は、膝をついて行ったり、手の幅を少し広げると強度が下がる。

ナロープッシュアップが終わったら

一度パンプアップした上腕三頭筋を見たり触って確認してみよう！
確認したら休憩を入れず、次のエクササイズへ！

Second exercise

リバースプッシュアップ

1 ベンチやイスに座り、両手をお尻の横につく。

2 手でカラダを支えるように力を入れ、お尻を浮かせる。足を遠くにつき、肘をまっすぐ伸ばす。

3 肘をゆっくり曲げて、カラダを真下に下ろしていく。

4 下ろせるところまでいったら、肘をゆっくり伸ばして元の姿勢に戻る。この動作を繰り返す。

＊足の位置を遠くすればするほど強度が増す。上体が垂直に上下に動くように意識しよう。

足の力を使わずに、上腕三頭筋の力を意識して使う！

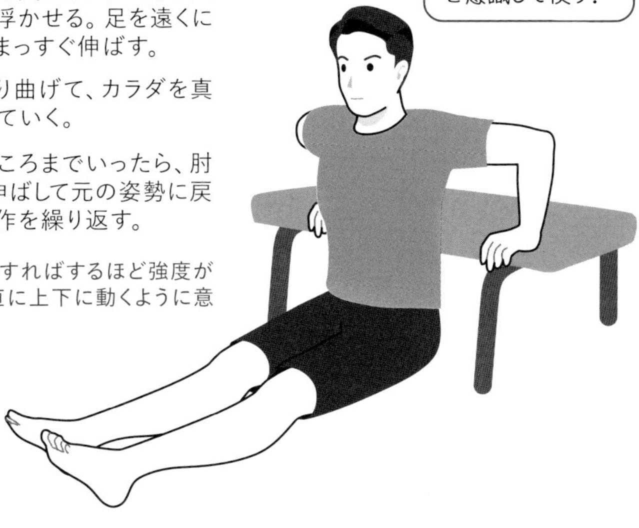

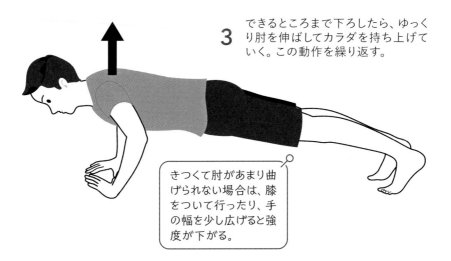

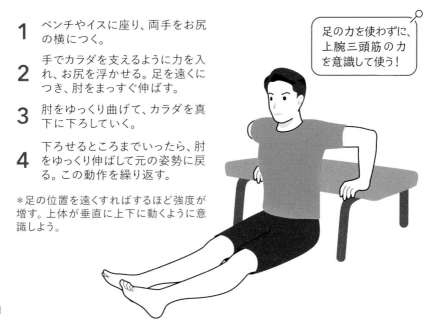

手の動きが力強くなる

リストカール

意識する筋肉

前腕筋群《ぜんわんきんぐん》

「見るだけ」で
モチベーションも
UP！

どこ 前腕部に付着している筋肉の総称です。

働き いくつもの筋肉がお互いに力を発揮し合って、指先や手首の複雑で細かい動きを可能としています。

ポイント 腕を太くするだけでなく、握力の強化にも効果的です。

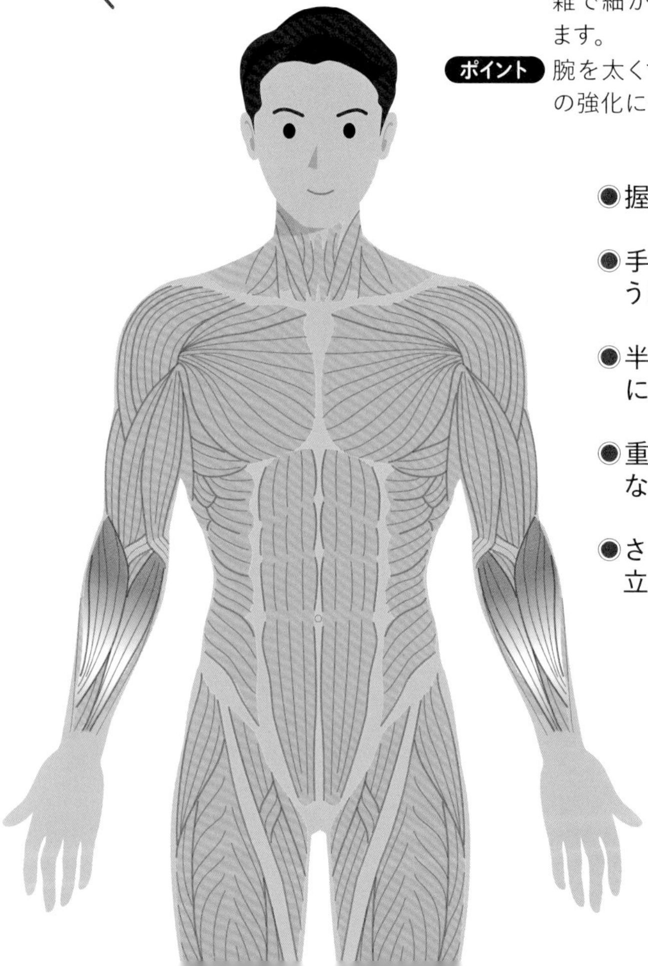

- 握力が強くなる
- 手作業が楽にこなせるようになる
- 半袖シャツが似合うようになる
- 重いものが持てるようになる
- さまざまなスポーツに役立つ

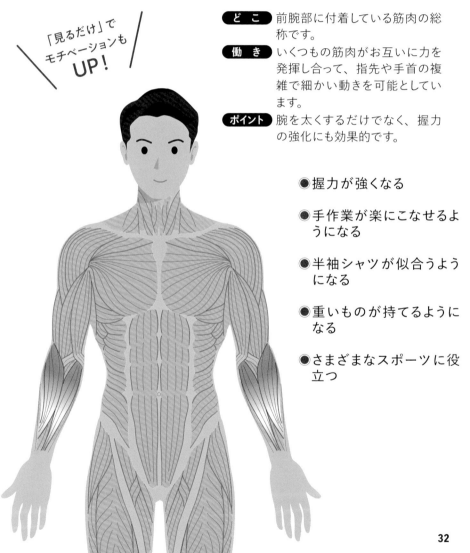

「見るだけ」で効果倍増!

前腕筋群

上腕部は動かさないようにしながら、前腕部に力を入れる。

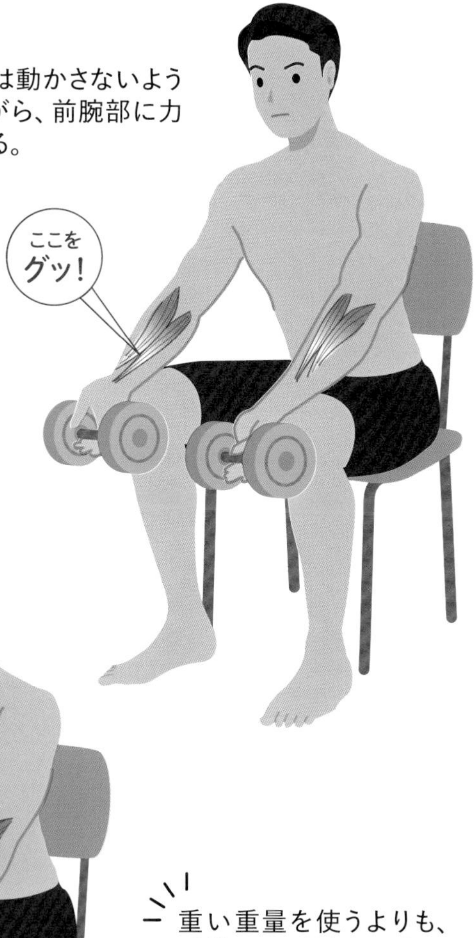

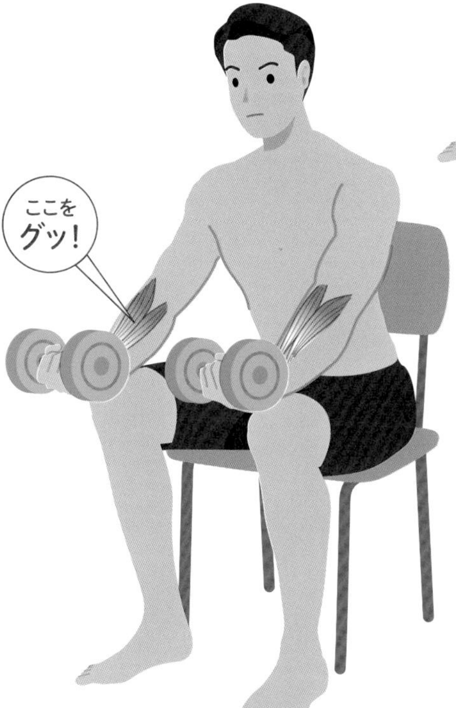

重い重量を使うよりも、手首の可動域を最大限に動かすことを意識して。

First exercise

リストカール

1 イスに座り、太ももの上に肘と前腕をのせて固定し、手のひらを天井に向け、ダンベルを指にひっかけるように持つ。

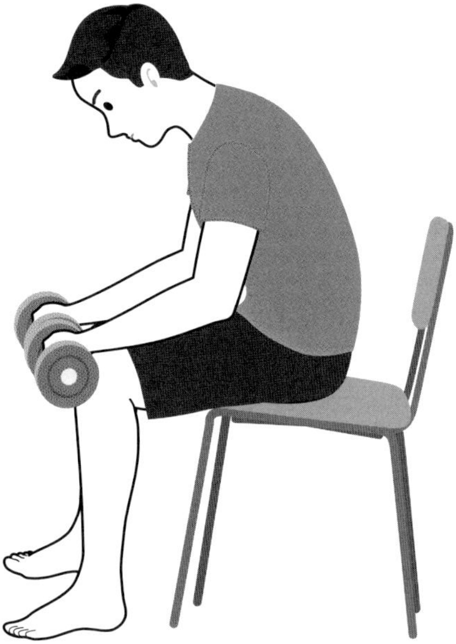

2 前腕部を動かさないように固定したまま、手首を曲げてダンベルを持ち上げる。できるところまで持ち上げたら、ゆっくりと元に戻していく。この動作を繰り返す。

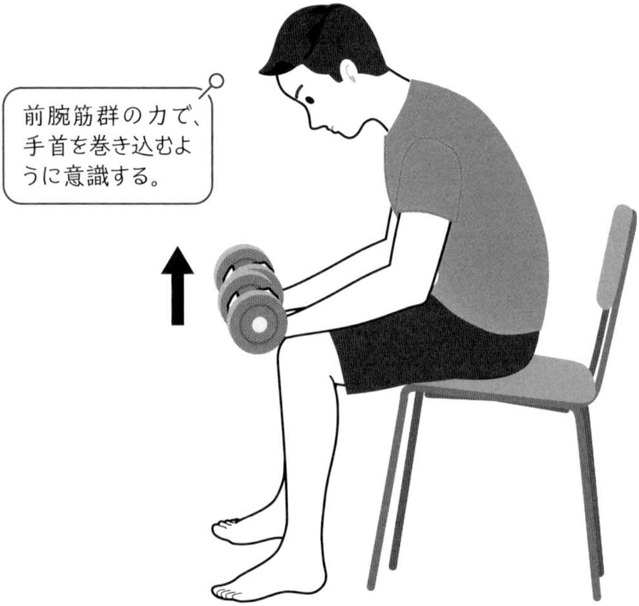
前腕筋群の力で、手首を巻き込むように意識する。

リストカールが終わったら

一度パンプアップした前腕部を見たり触って確認してみよう！
確認したら休憩を入れず、次のエクササイズへ！

Second exercise

リストエクステンション

1 イスに座り、太ももの上に肘と前腕をのせて固定し、手の甲を天井に向けてダンベルを持つ。

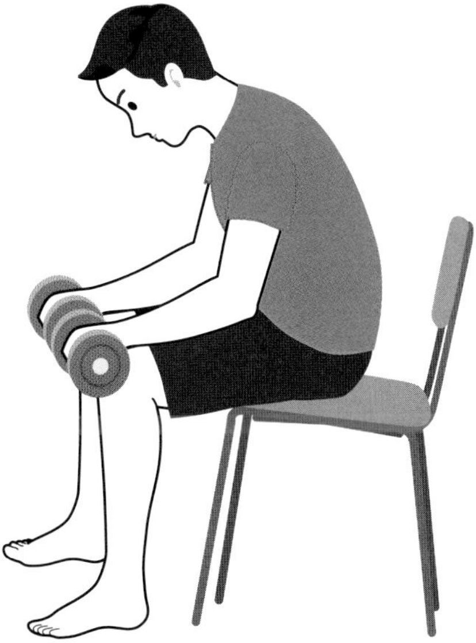

2 前腕部を動かさないように固定したまま、手首を反らせるようにダンベルを持ち上げる。できるところまで持ち上げたら、ゆっくりと元に戻していく。この動作を繰り返す。

肘を動かさず、あくまで手首だけで持ち上げよう。

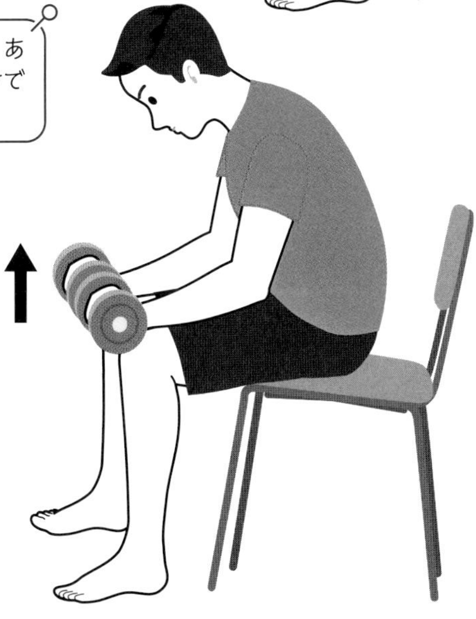

胸板を厚くする

プッシュアップ

意識する筋肉

大胸筋《だいきょうきん》

「見るだけ」でモチベーションもUP！

どこ 胸の表層に付着している筋肉です。

働き 腕を前に上げたり、内側に引き寄せるときに力を発揮します。

ポイント がっちりしたカラダでも胸が垂れていたり、細身の筋肉質でも横から見たら胸がペラペラに薄かったりしては、カッコいいカラダとはいえません。上半身の厚みを作るためには、大胸筋の盛り上がりが必要不可欠です。

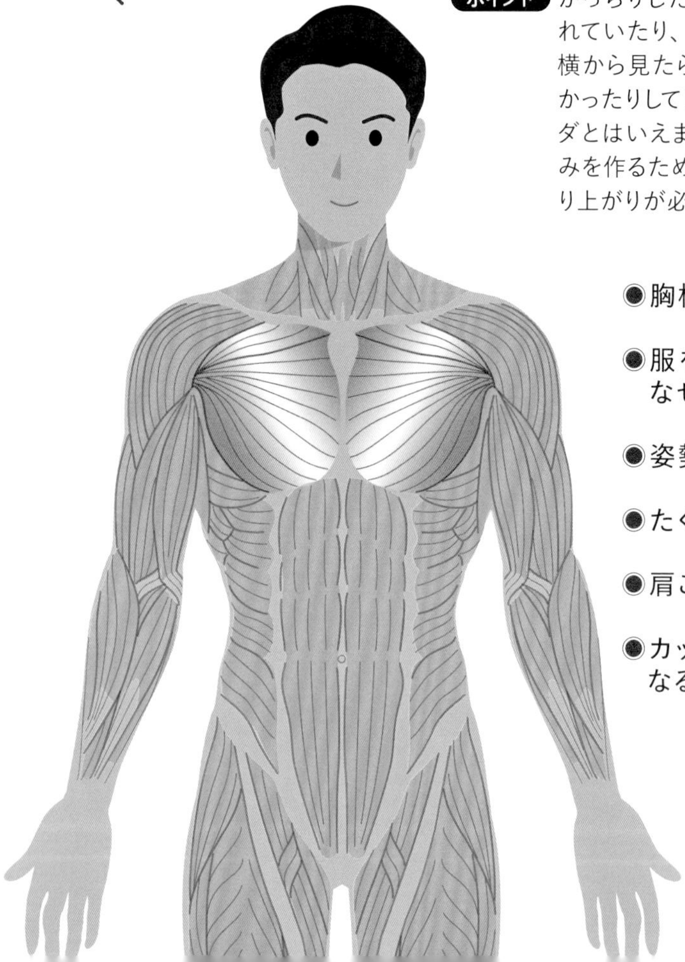

- 胸板が厚くなる
- 服をカッコよく着こなせる
- 姿勢がよくなる
- たくましくなる
- 肩こりが改善する
- カッコいいカラダになる

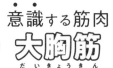

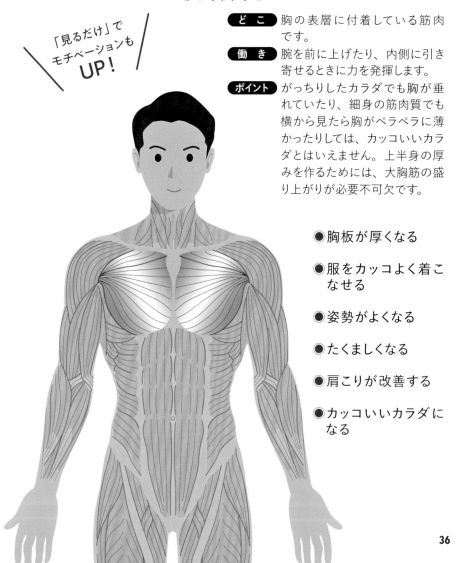

「見るだけ」で効果倍増!

大胸筋

プッシュアップは、腕の筋トレではない。

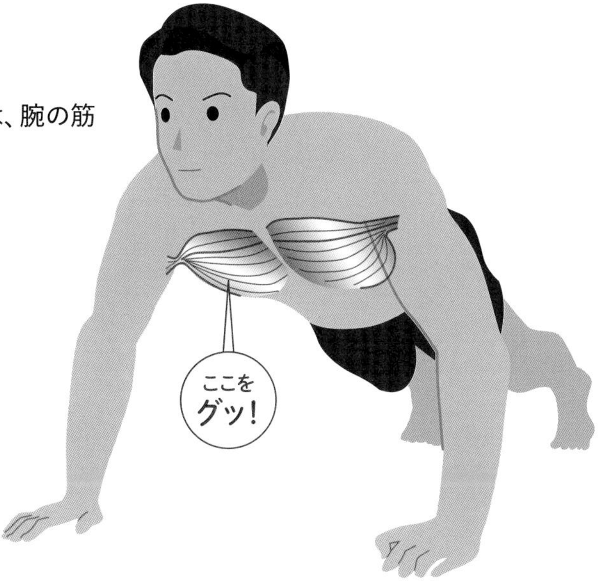

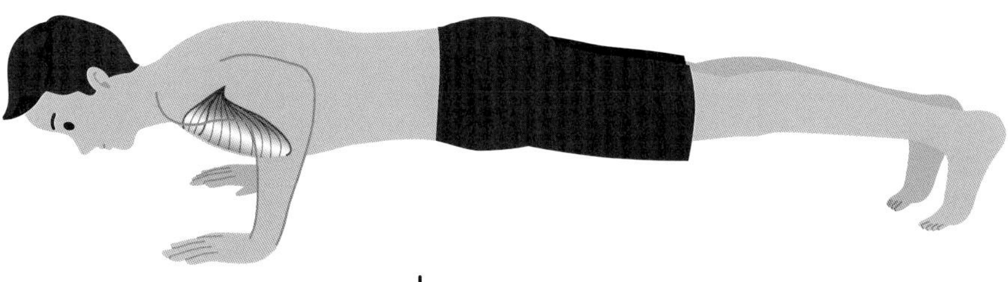

常に大胸筋に負荷がかかっていることを意識する。

First exercise

プッシュアップ

1 腕立て伏せの姿勢になる。手のひらを肩の真下より、こぶし1つ分外側につく。

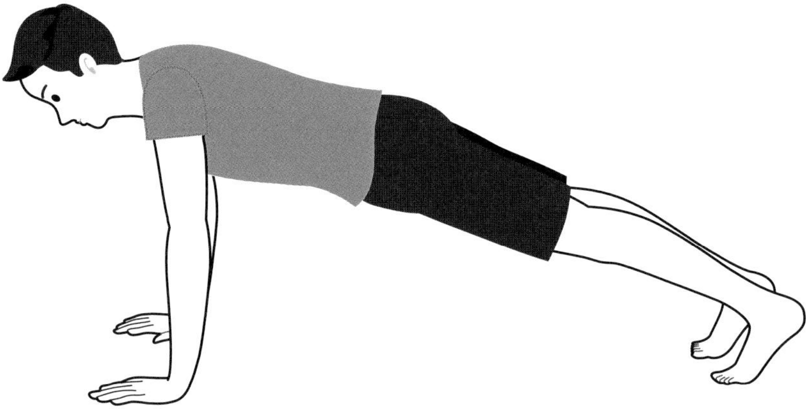

勢いよく下ろすのではなく、大胸筋への刺激を感じながら下ろすこと。

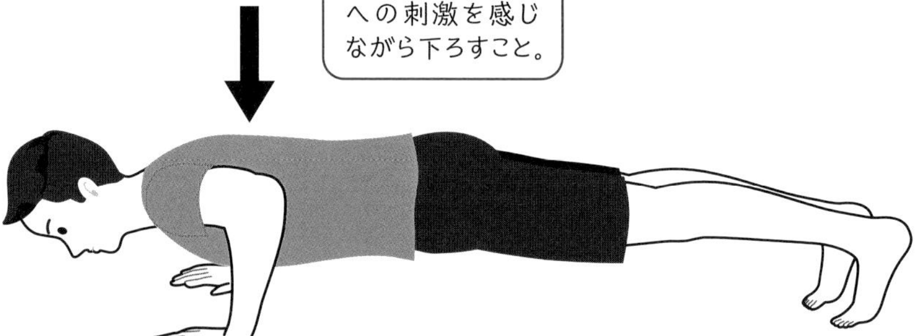

2 肘を曲げてカラダを下ろしていく。

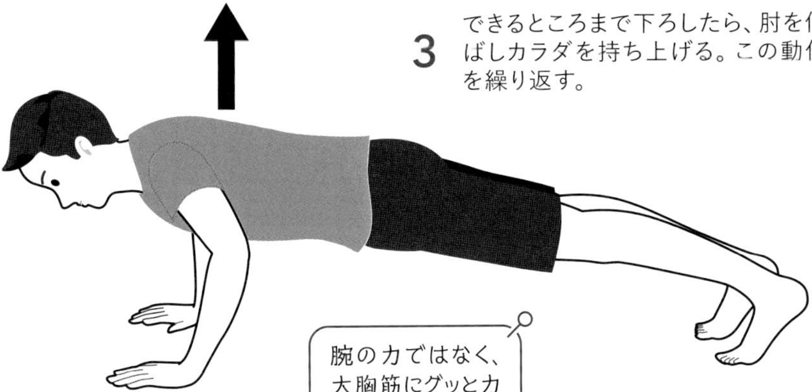

3 できるところまで下ろしたら、肘を伸ばしカラダを持ち上げる。この動作を繰り返す。

腕の力ではなく、大胸筋にグッと力を入れることを意識して。

プッシュアップが終わったら

一度パンプアップした大胸筋を見たり触って確認してみよう！
確認したら休憩を入れず、次のエクササイズへ！

Second exercise

アイソメトリクスプッシュ

1 胸の前で合掌し、肘は床と平行に開く。

2 手のひらを押し合うようにグッと力を入れる。全力で押し合ったまま10秒間キープする。この動作を繰り返す。

＊顔の前で手を合わせると大胸筋上部、胸の前なら大胸筋中部、みぞおちの前なら大胸筋下部が特に鍛えられる。

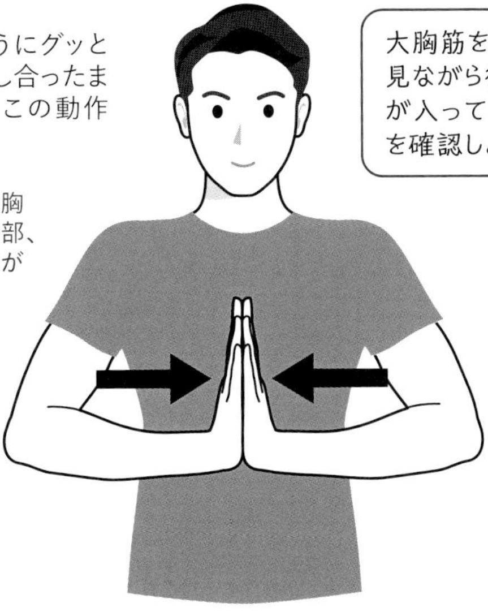

大胸筋をしっかり見ながら行い、力が入っていることを確認しよう。

シックスパックを作る

クランチ

意識する筋肉

腹直筋《ふくちょくきん》

「見るだけ」で
モチベーションも
UP！

どこ 腹部正面にあるのが腹直筋です。

働き 体幹部を曲げたり、腹圧を高める働きがあります。

ポイント いわゆる“シックスパック”と呼ばれる筋肉です。もともと誰でも、腹直筋は6つ（もしくは8つ）に分かれています。腹直筋を鍛えて筋肉量を増やすことで、割れて見えるようになるのです。

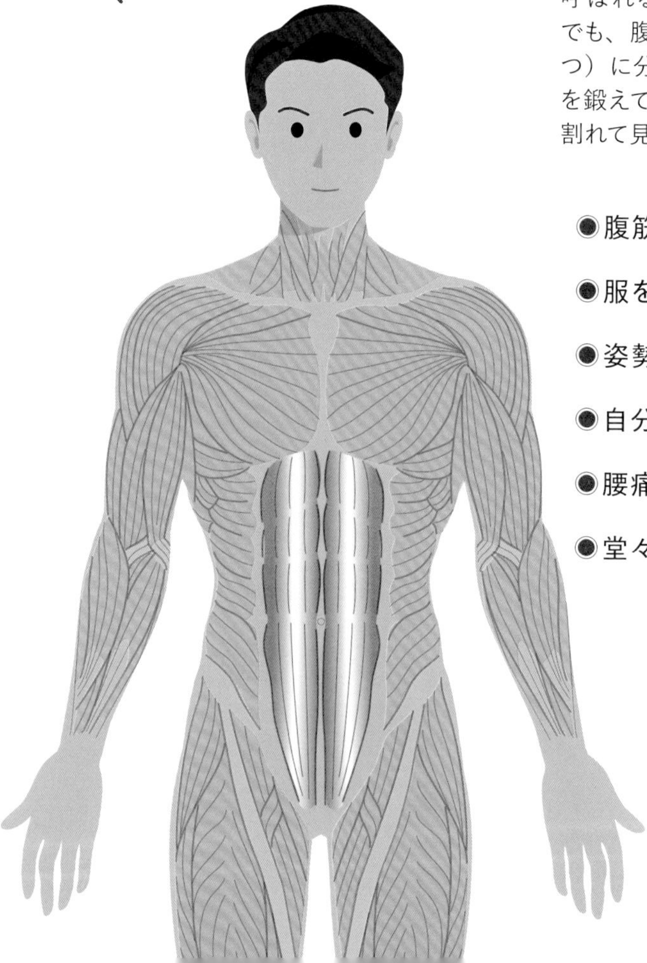

- 腹筋が割れる
- 服をカッコよく着こなせる
- 姿勢がよくなる
- 自分に自信が持てる
- 腰痛が改善する
- 堂々と裸になれる

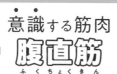

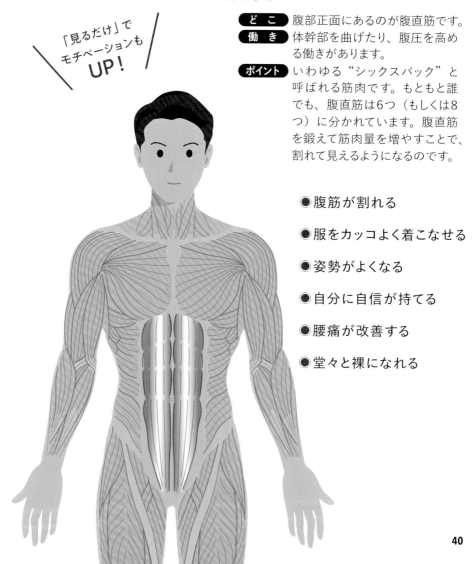

「見るだけ」で効果倍増!

腹直筋

腹直筋は上部と下部に分けられる。クランチは両方とも刺激できるが、上部を意識しやすいエクササイズだ。

ただ動作を行うだけでなく、腹筋にグッと力を入れ、腹直筋を“締める”意識が重要。

First exercise

クランチ

1 仰向けに寝て、手は交差して胸に置く。両膝を90度に曲げて、足を床から浮かせる。

2 カラダを丸めるように上体を起こしていく。

反動を使わず、腹直筋を使うことを意識する!

3 ゆっくりと元の姿勢に戻る。この動作を繰り返す。

勢いよく下ろすのではなく、腹直筋への刺激を感じながら下ろすこと。

クランチが終わったら

**一度パンプアップした腹直筋を見たり触って確認してみよう！
確認したら休憩を入れず、次のエクササイズへ！**

Second exercise

プランク

前腕部とつま先で支えて、カラダを床から浮かせる。両肘は肩の真下に、脚は膝をまっすぐ伸ばして腰幅に開く。
頭・肩・腰・膝・かかとが一直線になるように、しっかりお腹に力を入れて姿勢を整え、そのまま20秒ほどキープする。

直線をキープ！　姿勢が崩れると腹直筋への刺激が少なくなってしまう。

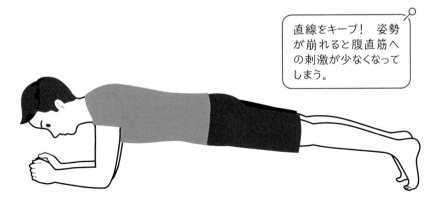

下っ腹を引き締める

レッグレイズ

意識する筋肉

腹《ふく》直《ちょく》筋《きん》下《か》部《ぶ》

「見るだけ」で
モチベーションも
UP！

どこ 腹直筋のおへそあたりから下部が腹直筋下部になります（筋肉は上部とつながっています）。

働き 腹直筋上部と同様に体幹部を曲げたり、腹圧を高める働きがあります。

ポイント レッグレイズは、腹直筋のなかでも、下腹部を意識しやすいエクササイズです。とはいえ、腹直筋上部もしっかり鍛えられます。1つ前のエクササイズ「クランチ」で、カラダが起き上がらず、うまくできないという人は、まずはこのレッグレイズに取り組みましょう。

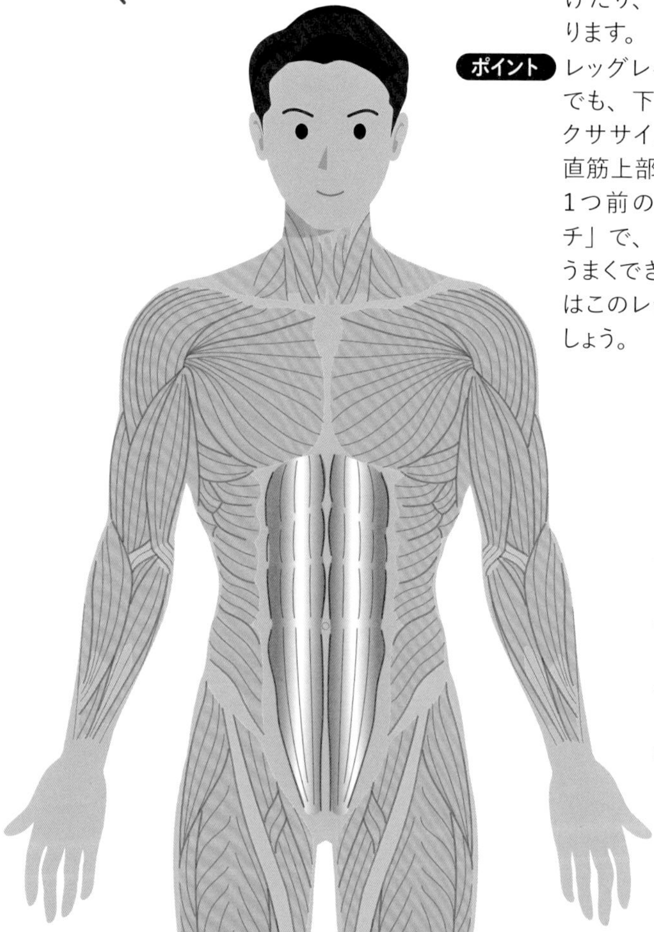

- 腹筋が割れる
- 体形が若返る
- 姿勢がよくなる
- 下っ腹がへこむ
- 腰痛が改善する
- 裸に自信が持てる

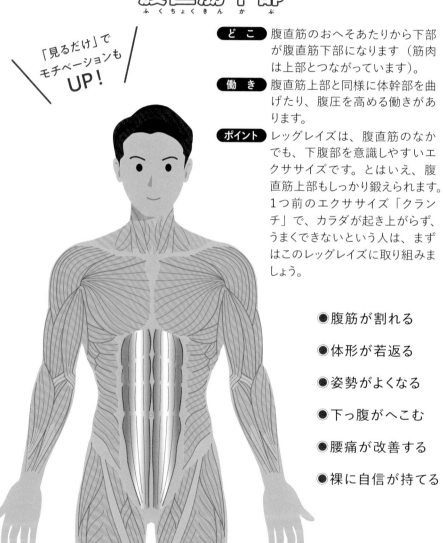

「見るだけ」で効果倍増!

腹直筋下部

レッグレイズはおへそから下の下腹部を意識しながら行う。

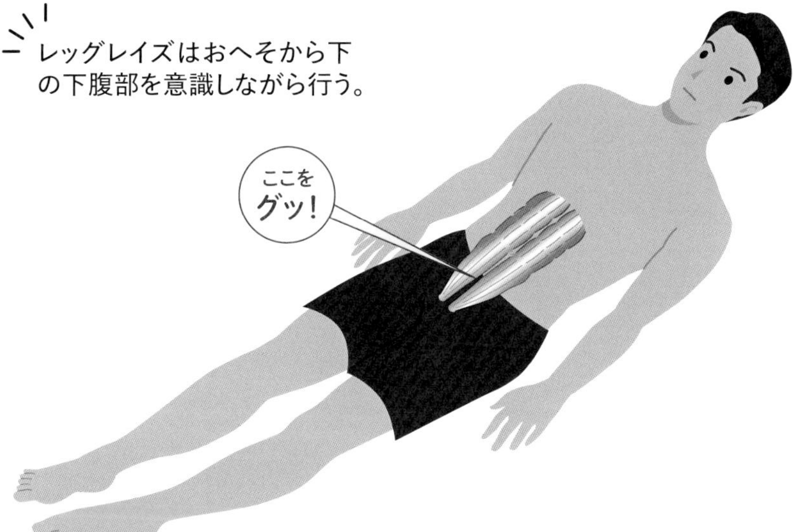

筋トレ中は、腹直筋全体から力が抜けないように意識し続ける。効果も高まるし、ケガも防げる。

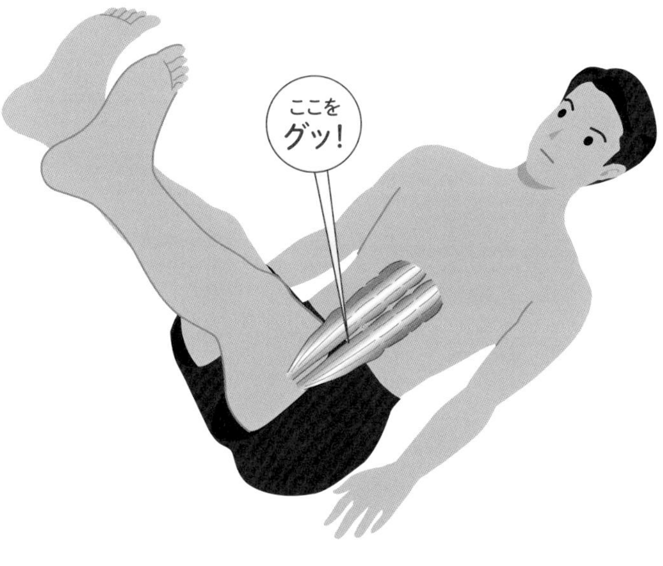

First exercise

レッグレイズ

1 仰向けになり、両脚は伸ばして揃える。手は軽く開いてカラダの横に置き、カラダを支える。

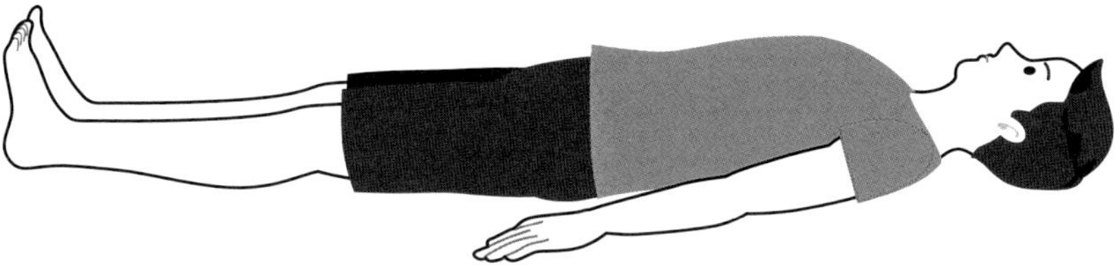

2 腰をしっかり床につけるように意識しながら、膝をまっすぐ伸ばしたまま、両脚を床から少し持ち上げる。

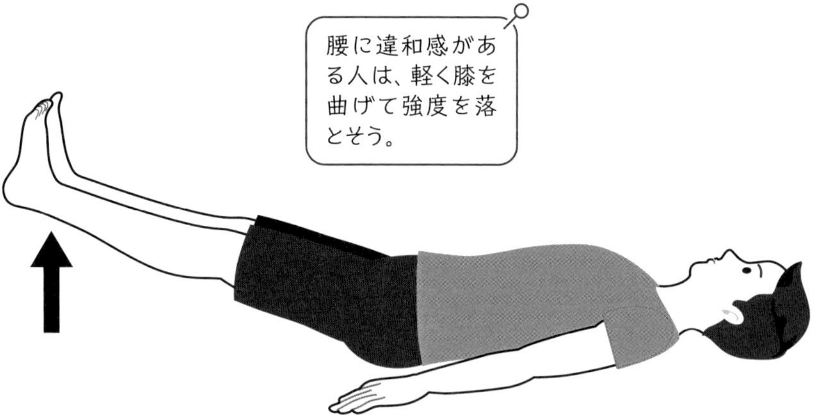
腰に違和感がある人は、軽く膝を曲げて強度を落とそう。

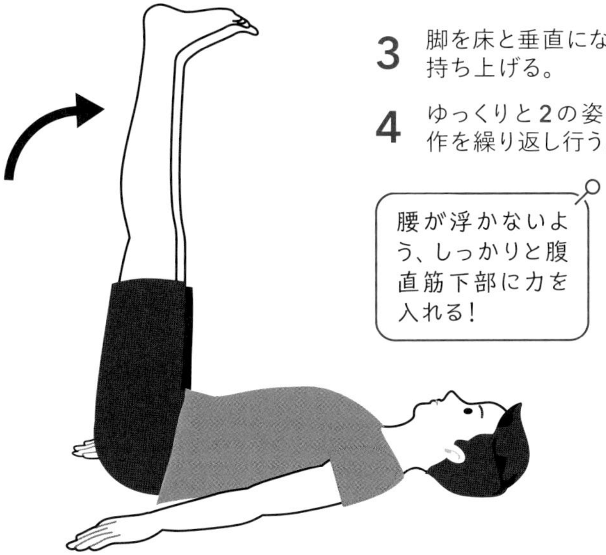
腰が浮かないよう、しっかりと腹直筋下部に力を入れる！

3 脚を床と垂直になるまで、ゆっくりと持ち上げる。

4 ゆっくりと**2**の姿勢に戻る。この動作を繰り返し行う。

レッグレイズが終わったら

一度パンプアップした腹直筋下部を見たり触って確認してみよう！
確認したら休憩を入れず、次のエクササイズへ！

Second exercise

ヒップレイズ

1.2.3 まで「レッグレイズ」と同様。

4 脚の垂直を維持したまま、お尻を床からじわじわと上げられるところまで持ち上げる。

5 ゆっくりとお尻を床に下ろしていく。この動作を繰り返し行う。

＊お尻を完全に床につけずに次の動作へ移ると負荷が高まる。

反動を使わず、腹直筋下部に力をグッと入れて！

ウエストを引き締める

ツイストクランチ

意識する筋肉

外腹斜筋《がいふくしゃきん》・内腹斜筋《ないふくしゃきん》

「見るだけ」でモチベーションもUP!

どこ 腹部の両脇にあり、ウエストや脇腹と呼ばれるところに付着しているのが「外腹斜筋」と「内腹斜筋」。カラダの表層にあるのが外腹斜筋、その深部にあるのが内腹斜筋です。

働き 体幹部をひねる動作で、お互いが協力して力を発揮します。

ポイント 外・内腹斜筋を鍛えることでウエストを引き締めることは、逆三角形のカラダに必要不可欠です。上半身のメリハリがつき、カッコいいカラダに近づきます。

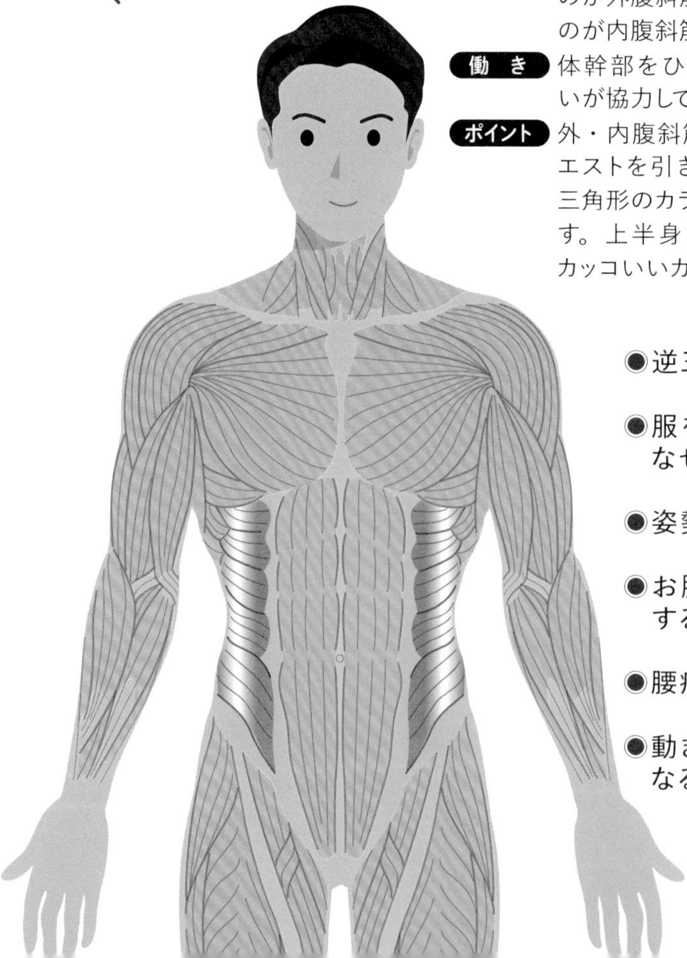

- 逆三角形の体型に
- 服をカッコよく着こなせる
- 姿勢がよくなる
- お腹周りがすっきりする
- 腰痛を改善できる
- 動きやすいカラダになる

「見るだけ」で効果倍増!

外腹斜筋・内腹斜筋

脚の反動は使わず、外腹斜筋と内腹斜筋にグッと力を入れる。

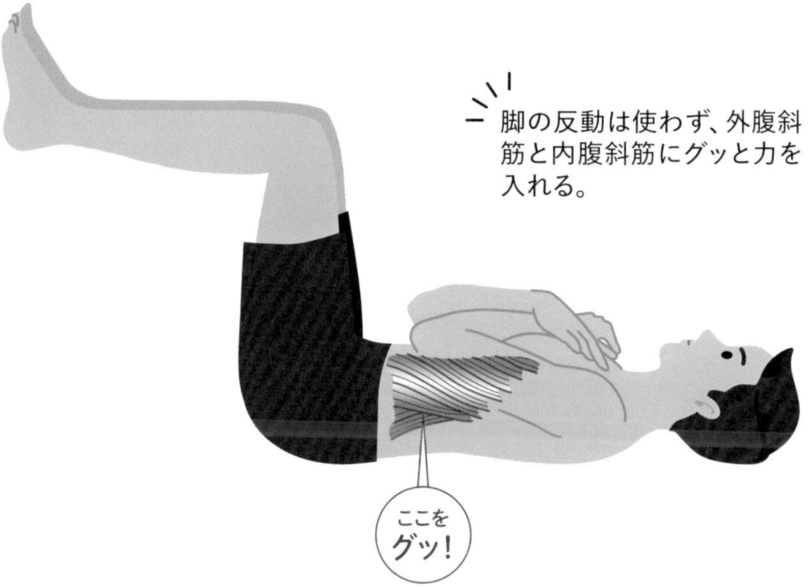

外腹斜筋と内腹斜筋を鍛えるためにはひねりが重要。しっかりひねってウエストを収縮させる。

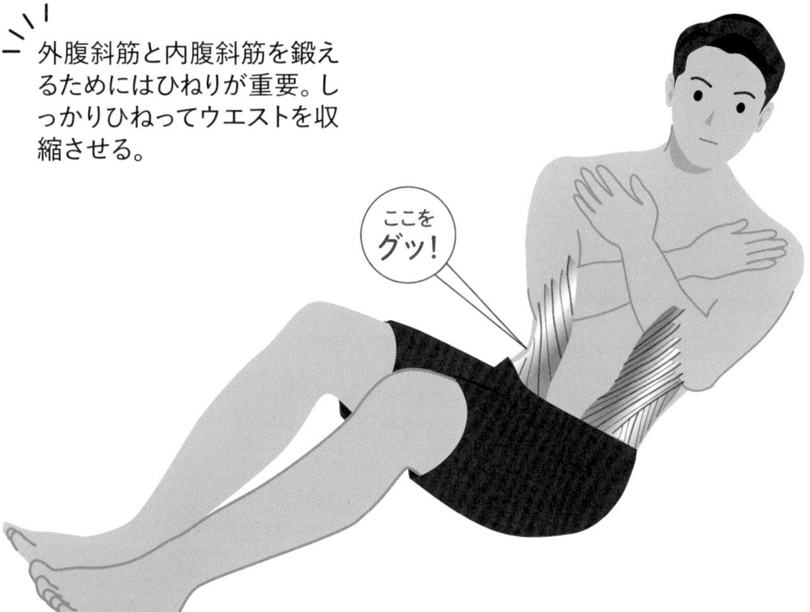

First exercise

ツイストクランチ

1 仰向けに寝て、手は交差して胸に置き、脚は揃えて股関節と両膝を90度に曲げる。

2 反動をつけずに、上体を左側にひねりながら起こしていく。

右肘と左膝(左肘と右膝)をくっつけるように意識すると行いやすい。

3 できるところまで起き上がったら、ゆっくりと元の姿勢に戻る。この動作を左右交互に繰り返す。

勢いよく下ろすのではなく、腹斜筋への刺激を感じながら下ろすこと。

ツイストクランチが終わったら

一度腹斜筋を触ってしっかり効いているか確認してみよう！
確認したら休憩を入れず、次のエクササイズへ！

Second exercise

サイドプランク

1 床に横向きに寝て、肘を曲げて前腕部を床につく。両脚は伸ばして重ねる。

2 前腕部と足で支えるように、カラダを床から持ち上げる。このとき正面から見て、頭・胸・腰・膝・かかとが一直線になるように姿勢を整え、10秒間キープする。反対側も同様に行う。

腰とふくらはぎが落ちてしまわないように、腹斜筋にグッと力を入れてカラダを支える。

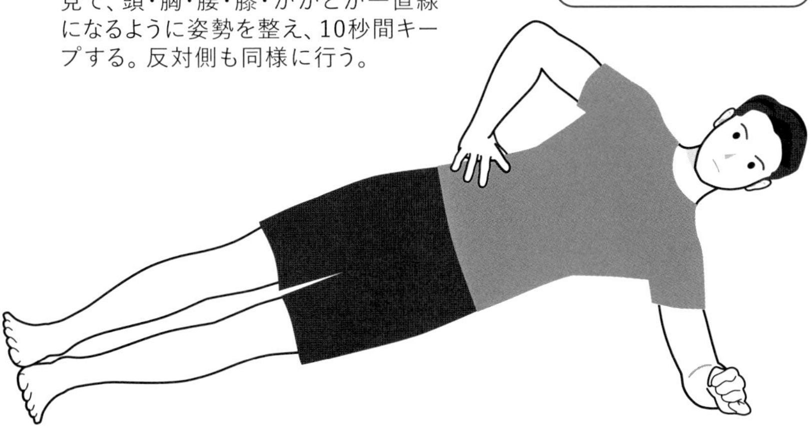

盛り上がった首から肩周りを作る

タオルラットプル

意識する筋肉

僧帽筋《そうぼうきん》

「見るだけ」で
モチベーションも
UP!

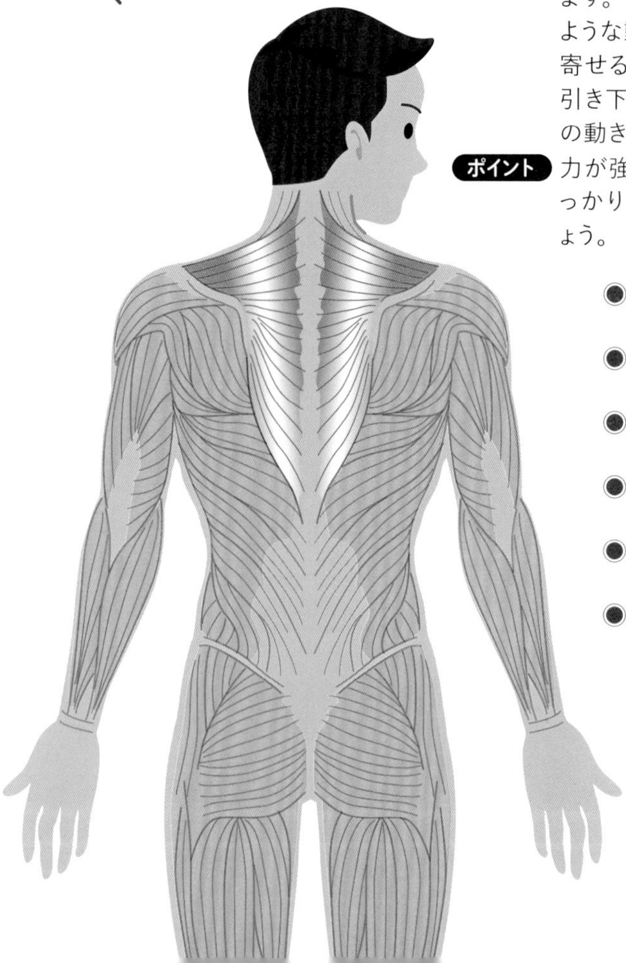

どこ 僧帽筋は首から肩、背中にかけて広がる大きな筋肉です。

働き 上部・中部・下部と分けられ、それぞれ異なる働きを持っています。上部は肩を耳に近づけるような動作を、中部は肩甲骨を寄せる動きを、下部は肩甲骨を引き下げる動きに対応。肩甲骨の動きにかかわる筋肉です。

ポイント 力が強い筋肉のひとつです。しっかり負荷をかけて刺激しましょう。

- 逆三角形の体型に
- 太い首を作る
- 姿勢がよくなる
- たくましくなる
- 肩こりが改善する
- 重いものが持てるようになる

「見るだけ」で効果倍増!

僧帽筋

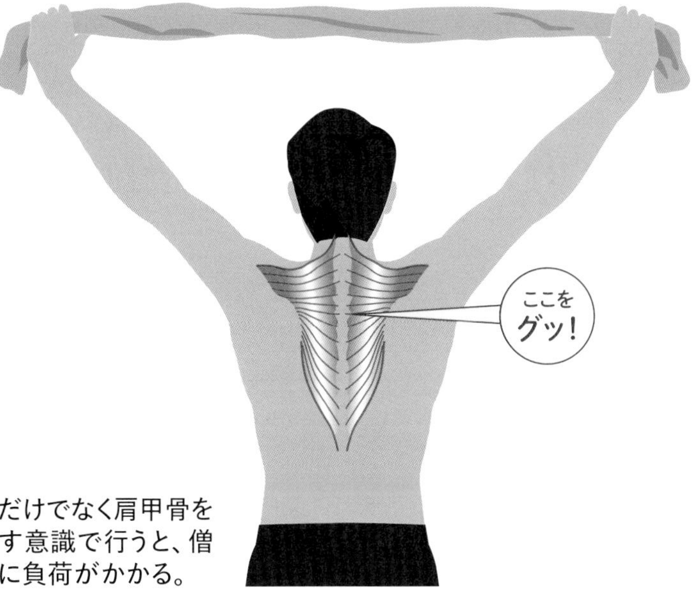

筋肉だけでなく肩甲骨を動かす意識で行うと、僧帽筋に負荷がかかる。

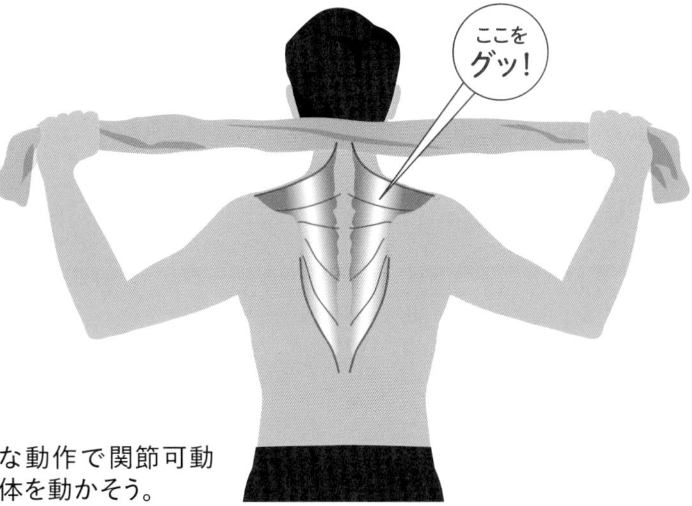

大きな動作で関節可動域全体を動かそう。

First exercise

タオルラットプル

1 両手でタオルの端を握って頭上に持ち上げ、タオルを引っ張り合うように力を入れる。立った姿勢でも座った姿勢でもどちらでもOK。

タオルを引っ張る意識が弱くならないように注意。

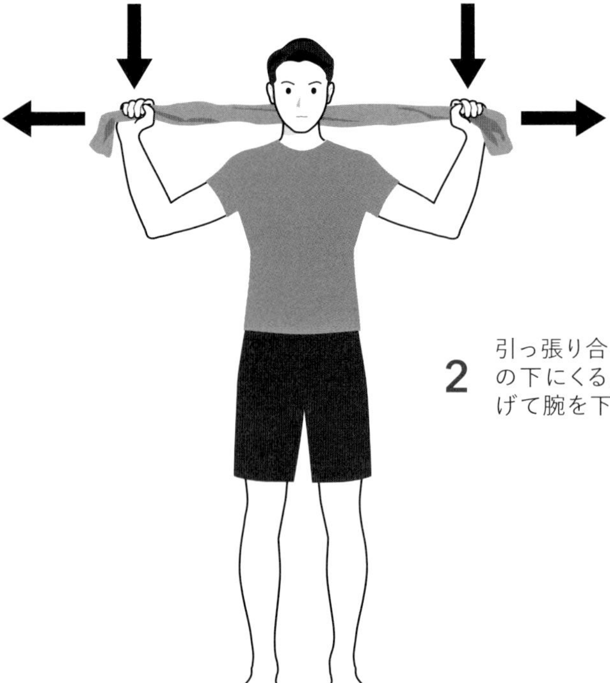

2 引っ張り合ったまま、タオルが頭の下にくるように肘をゆっくり曲げて腕を下ろしていく。

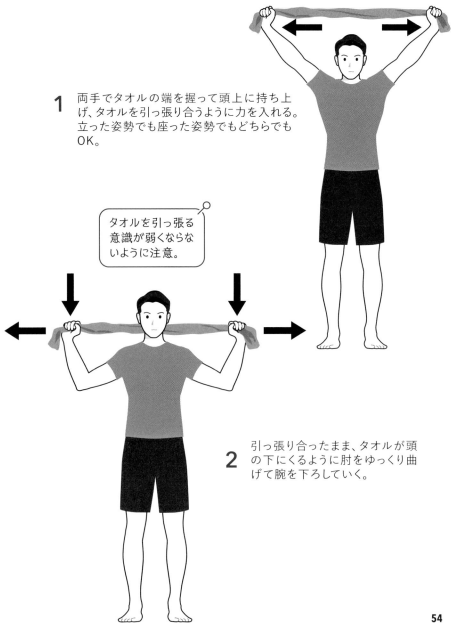

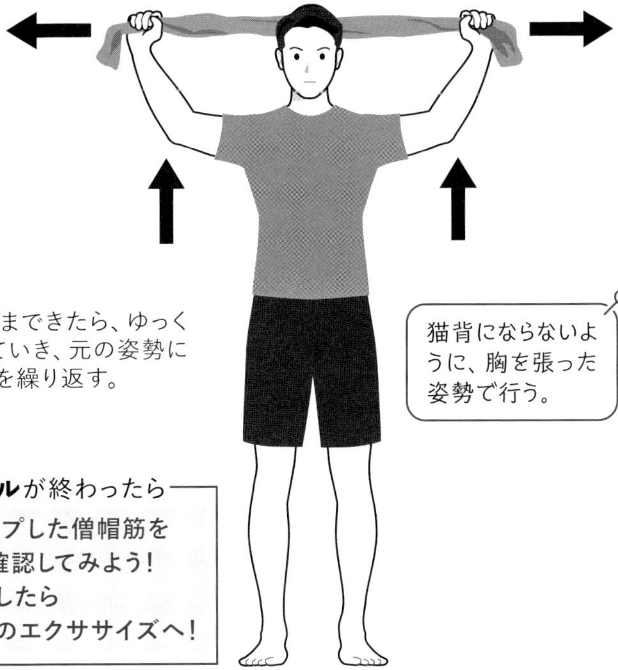

3 タオルが頭の下まできたら、ゆっくりと肘を伸ばしていき、元の姿勢に戻る。この動作を繰り返す。

猫背にならないように、胸を張った姿勢で行う。

タオルラットプルが終わったら
一度パンプアップした僧帽筋を
見たり触って確認してみよう！
確認したら
休憩を入れず、次のエクササイズへ！

Second exercise

アイソメトリクスシュラッグ

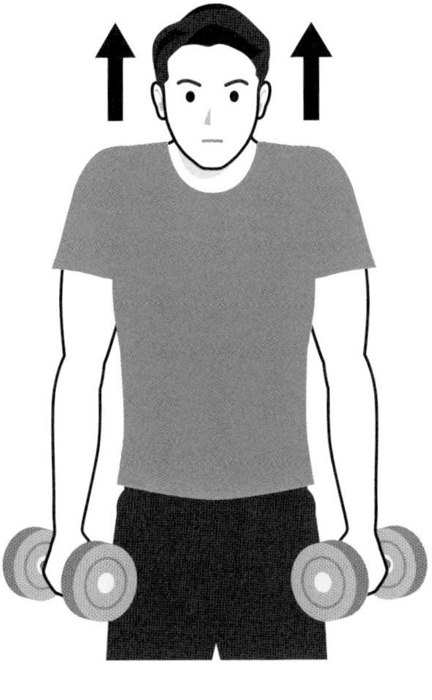

1 足を肩幅に開いて立ち、両手にダンベルを持つ。

2 肘をまっすぐにして腕をだらんと下ろしたまま、肩を耳に近づけるようにすくめていく。できるところまで肩を持ち上げたら、力を入れたままその姿勢を10秒キープする。

僧帽筋の上部を鍛える意識で！

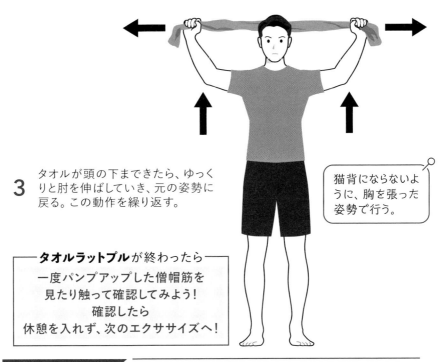

広い背中を作る

ベントオーバーロウ

意識する筋肉

広背筋《こうはいきん》

「見るだけ」で
モチベーションも
UP！

どこ 肩甲骨より下側の背中に付着する筋肉です。

働き 脇をしめたり、後ろに引っ張る動作で力を発揮します。

ポイント 広背筋は動作中に見ることの難しい筋肉です。そのため、筋肉を意識しにくく、鍛えるのが難しい部位といわれます。効果的に鍛えるためにも、広背筋の位置を確認し、しっかり意識するようにしましょう。

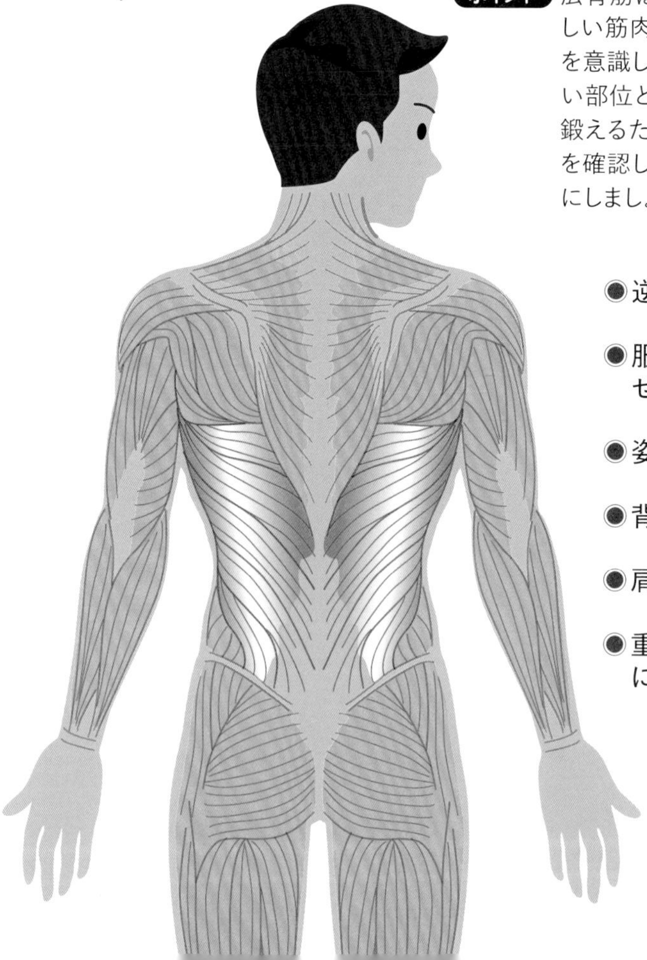

- 逆三角形の体型に
- 服をカッコよく着こなせる
- 姿勢がよくなる
- 背中が広くなる
- 肩こりが改善する
- 重いものが持てるようになる

＼「見るだけ」で効果倍増!／

広背筋

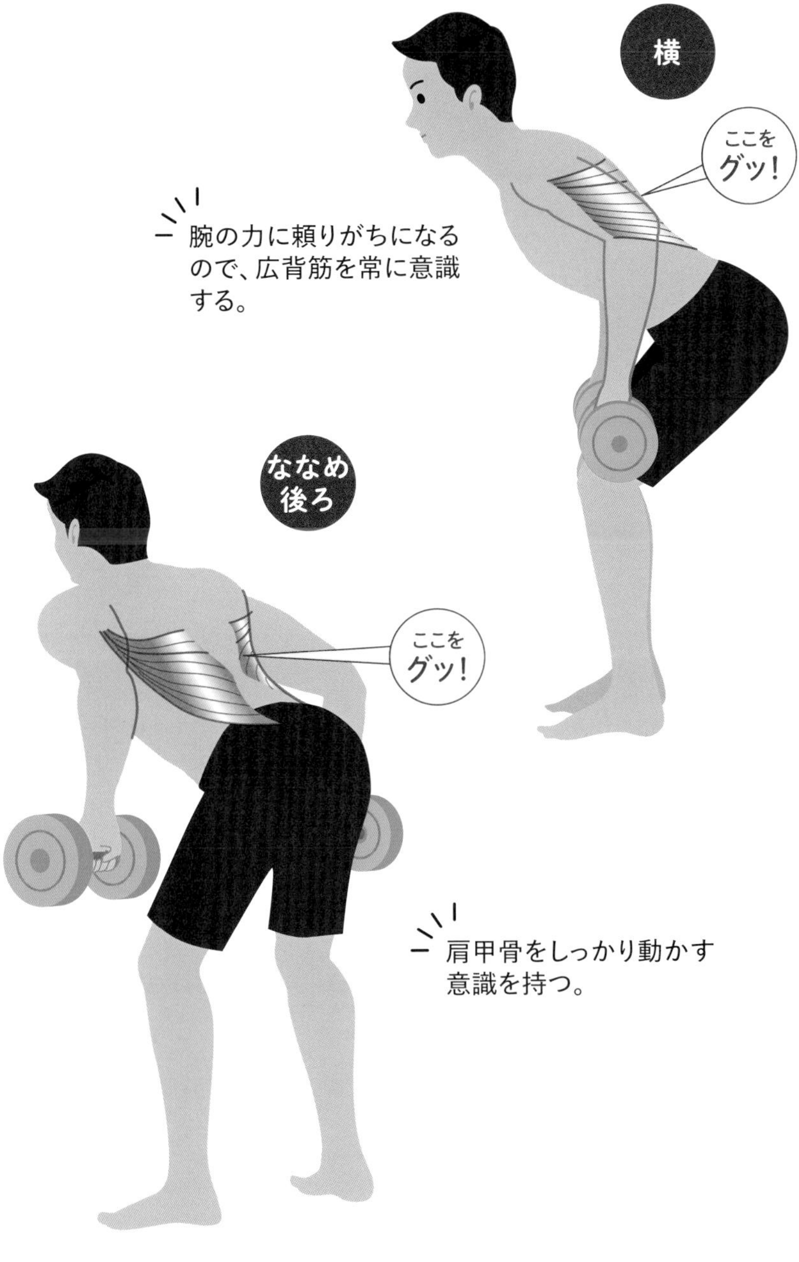
横
ここを
グッ!
腕の力に頼りがちになる
ので、広背筋を常に意識
する。
ななめ
後ろ
ここを
グッ!
肩甲骨をしっかり動かす
意識を持つ。

First exercise

ベントオーバーロウ

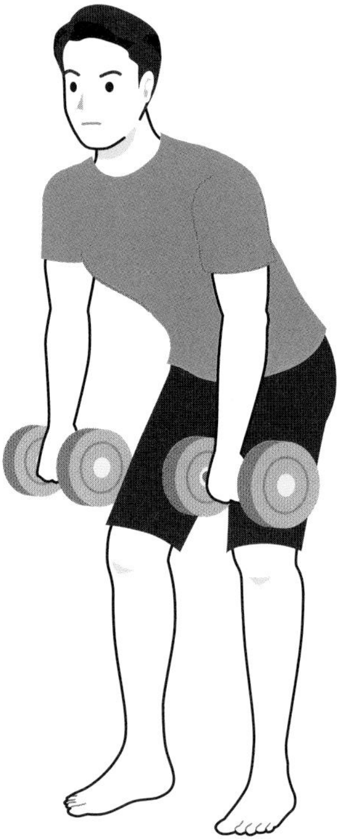

1 肩幅くらいに足を広げ、軽く膝を曲げて立つ。ダンベルを持って、上体を前に倒して、胸を前に向けるようにしっかりと張る。

2 肩甲骨を寄せるように意識しながら、脇腹へダンベルを引きつけるようにゆっくり肘を曲げていく。このとき上体が動かないように注意。

腕ではなく、左右の肩甲骨同士を寄せて、広背筋の力で持ち上げていく。

ダンベルを持ち上げるというよりも、肘を上げるという意識で行うと、広背筋に刺激が入りやすい。

3 できるところまで上げたら、ゆっくりと肘を伸ばして元の姿勢に戻る。この動作を繰り返す。

下ろしていくときも、広背筋に力を入れながら下ろしていく。

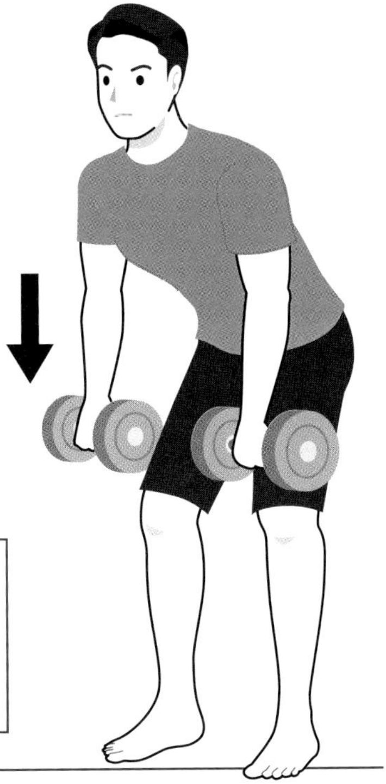

ベントオーバーロウが終わったら

効いている広背筋を触って意識してみよう！確認したら休憩を入れず、次のエクササイズへ！

Second exercise

アイソメトリクスシーテッドロウ

1 床に膝を立てて座り、両手でタオルの端を持ち、両足の裏にタオルをひっかける。

2 足を動かさないように固定し、両手で握ったタオルを後ろに引くように肘を曲げながら引っ張っていく。背中を丸めないように注意。全力で引っ張りながら10秒キープする。

広背筋に力が入っていることを意識する。

腕で引っ張るのではなく、肩甲骨を寄せるようにする。

安定感のある体幹を作る

ダイアゴナルバック エクステンション

意識する筋肉

脊柱《せきちゅう》起《き》立筋《りつきん》

「見るだけ」で
モチベーションも
UP!

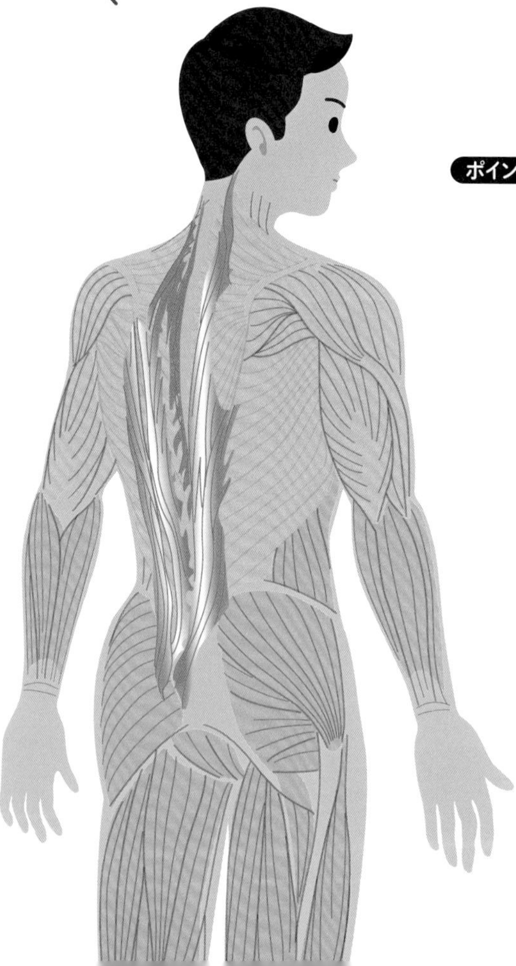

どこ 背骨の両側に付着している複数の筋肉の総称です。

働き 人間が直立できるのは、この脊柱起立筋が背骨を支えているからです。また、物を持っても腰が曲がらずにいられるのは、脊柱起立筋がカラダを安定させようと、常に力を発揮しているからです。

ポイント ほかの部位のエクササイズでも正しい姿勢を保つために働いている筋肉なので、しっかり鍛えましょう。

- 姿勢がよくなる
- 疲れにくいカラダになる
- 腰痛が改善する
- 長く歩けるようになる
- 重いものが持てるようになる
- 立ち姿がカッコよくなる

「見るだけ」で効果倍増!

脊柱起立筋

横

反動を使わずに、脊柱起立筋の力で持ち上げる!

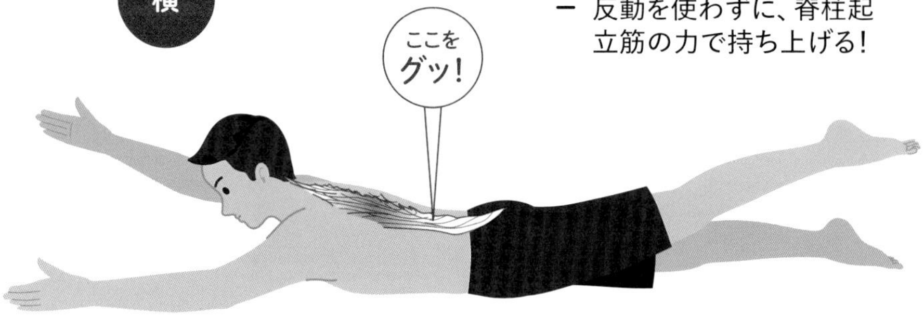

上

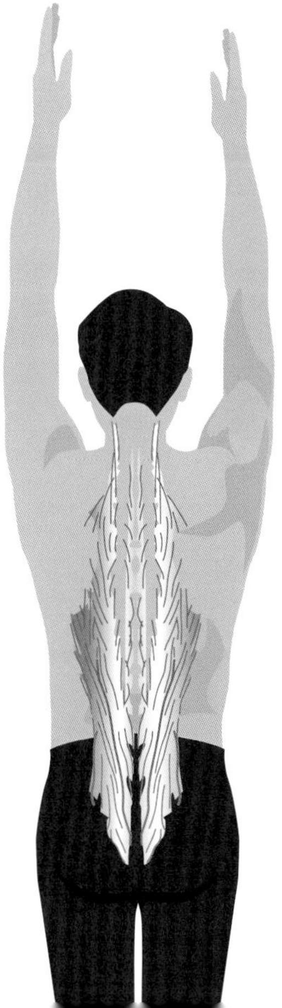

疲労がたまると腰痛の原因にもなるので、無理せず筋トレすること。

腰痛がある人は無理をしないよう、痛みがないのを確認して行うこと。

First exercise

ダイアゴナルバックエクステンション

1 うつ伏せで寝て、両手両脚をまっすぐ伸ばす。

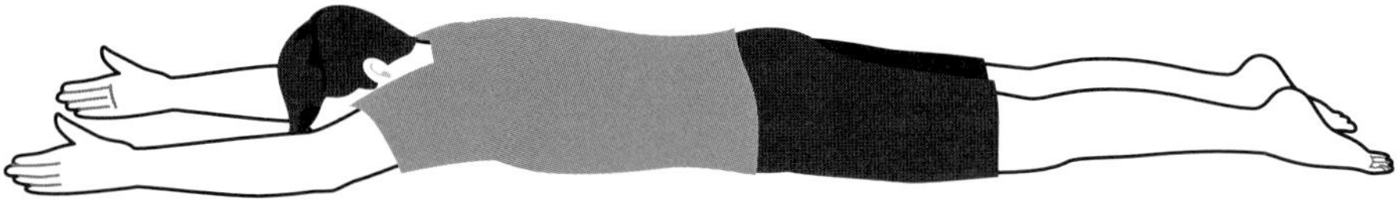

2 対角線の腕と脚を床から浮かせる。このとき肘と膝は、しっかり伸ばしたまま。上げられるところまで上げたら、ゆっくりと元の姿勢に戻る。

反動を使わず、
脊柱起立筋の力
を使って持ち上げ
る意識を。

3 反対側も同様に交互に行う。

勢いよく行うと腰を痛める原因に。

ダイアゴナルバックエクステンションが終わったら
一度パンプアップした脊柱起立筋を触って確認してみよう！
確認したら休憩を入れず、次のエクササイズへ！

Second exercise

リバースプランク

1 床に脚を伸ばして座り、両肘をカラダの後ろにつく。肩の真下に肘がくるように。

2 両肘とかかとでカラダを支え、カラダを持ち上げる。頭・肩・腰・膝・かかとが一直線になるように姿勢を整え、そのまま20秒ほどキープする。

背筋全体に刺激を与える！　お尻が落ちやすいので注意！

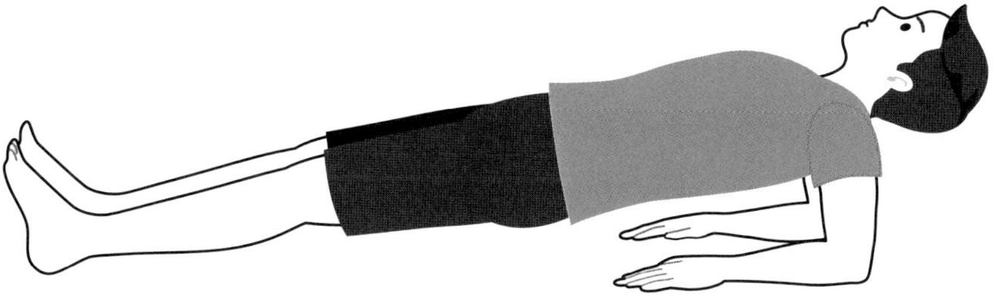

＊強度を高めたいときは、アゴをひいて顔を起こす。お尻がさらに落ちやすくなるので気をつけよう。

体幹を強く安定させる

スタンディングニーレイズ

意識する筋肉

腸腰筋《ちょうようきん》

「見るだけ」でモチベーションもUP！

どこ 股関節周りにある深部の筋肉です。

働き 脚を持ち上げるときに力を発揮したり、動作中の姿勢を安定させるなど、日常でもよく使われる筋肉です。

ポイント 緊張が続いたり、疲労がたまりやすい筋肉で、筋力が低下すると腰痛の原因にもなります。しっかり鍛えて柔軟性・筋力を維持しましょう。

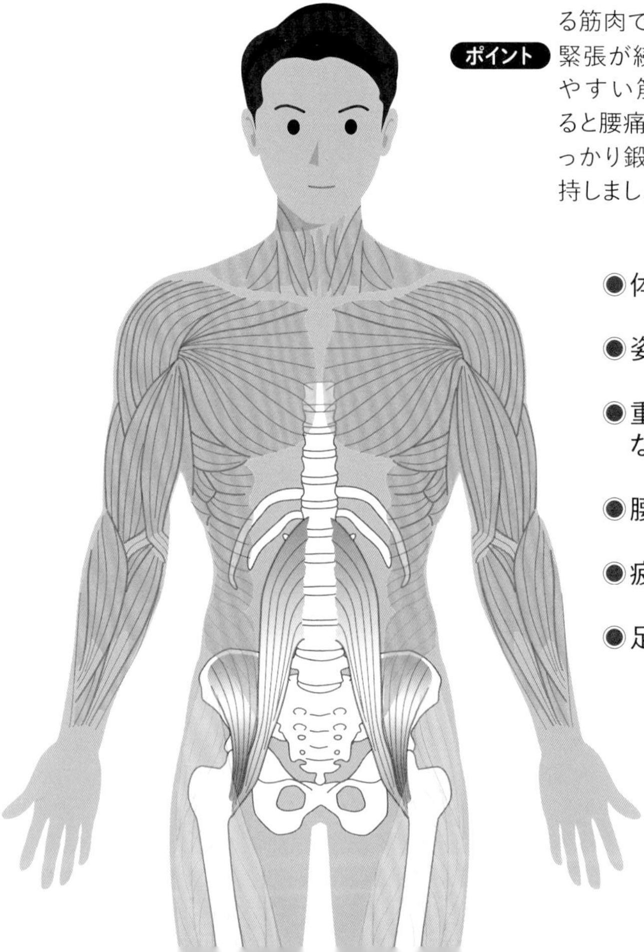

- 体幹が安定する
- 姿勢がよくなる
- 重いものが持てるようになる
- 腰痛が改善する
- 疲れにくい下半身を作る
- 足腰が強くなる

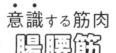

「見るだけ」で効果倍増!

腸腰筋

動作中、そけい部の奥を意識しよう。

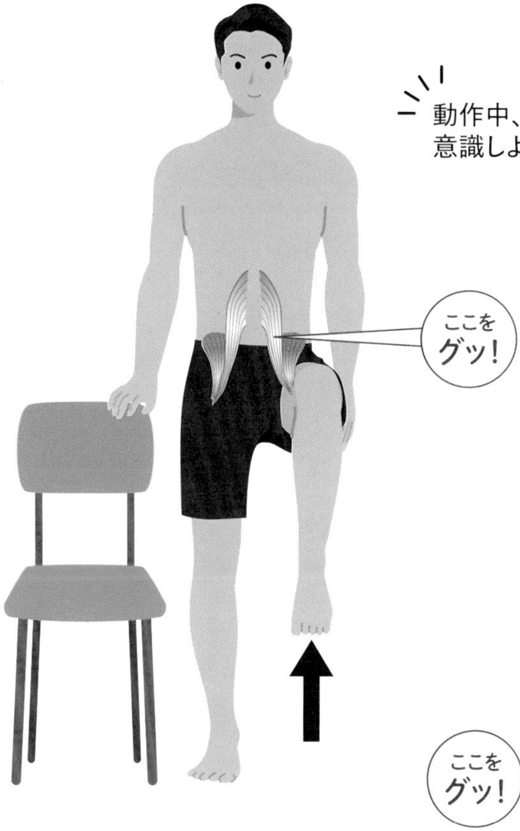

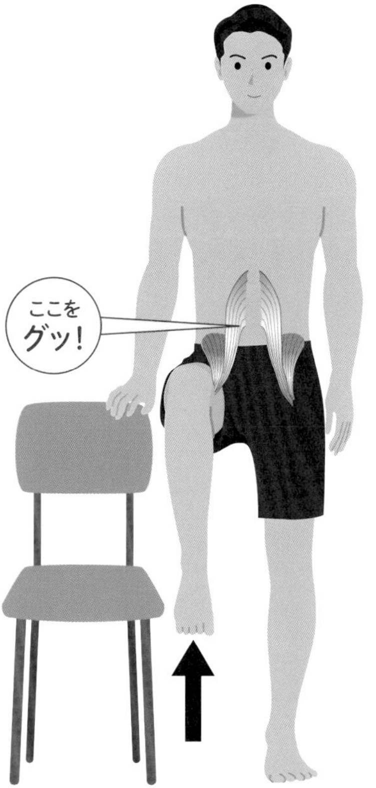

膝を上げるのではなく、
股関節から動かすような
イメージで。

First exercise

スタンディングニーレイズ

1 腰幅程度に足を広げて立ち、片手を壁やイスなどについて、カラダを安定させる。

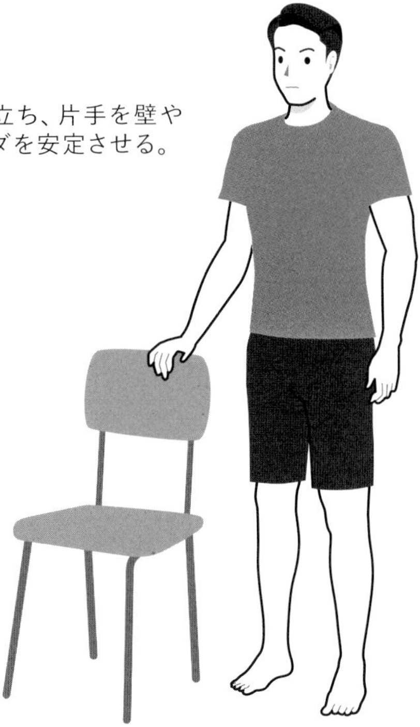

2 膝を胸に近づけるように、片脚を曲げていく。できるところまで上げたら、ゆっくり元の姿勢に戻る。

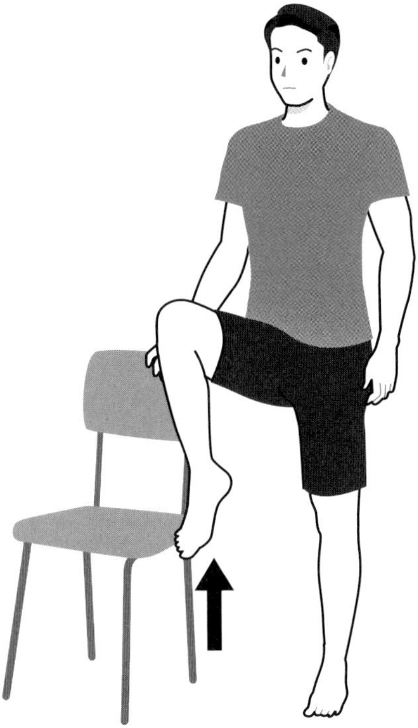

背中をまっすぐに上体を固定して、腸腰筋を使って脚を上げる意識を。

3 この動作を左右交互に繰り返す。

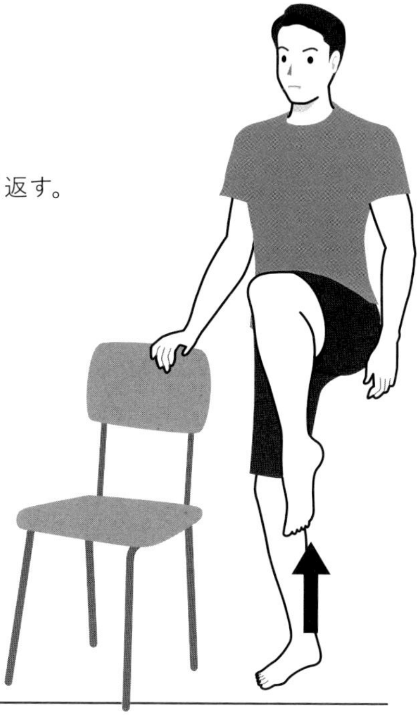

スタンディングニーレイズが終わったら
しっかり腸腰筋のあたりに
効いているか確認してみよう!
確認したら
休憩を入れず、次のエクササイズへ!

Second exercise

アイソメトリクスシットアップ

1 足首が固定できるように、棚やソファーに足を引っ掛けて、膝を立てて仰向けで寝る。手は交差して胸に置く。

2 足をしっかり固定したまま、上体を起こす。起き上がれるところまで行ったら、その姿勢で10秒間キープし、元の姿勢に戻る。

足を固定することで、腸腰筋への刺激が増える。

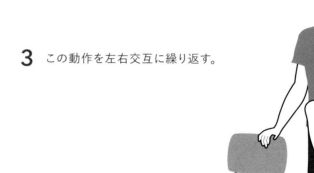

お尻が引き締まる

ブルガリアン スクワット

意識する筋肉

大臀筋《だいでんきん》

「見るだけ」で
モチベーションも
UP!

どこ お尻の表層部についている筋肉です。

働き 股関節を動かして脚を後ろに上げたり、脚を横に持ち上げる際に力を発揮します。

ポイント 数ある筋肉の中でも大きい筋肉です。しっかり筋肥大させることで基礎代謝量が上がるだけでなく、メリハリのあるボディーラインを作ることができます。

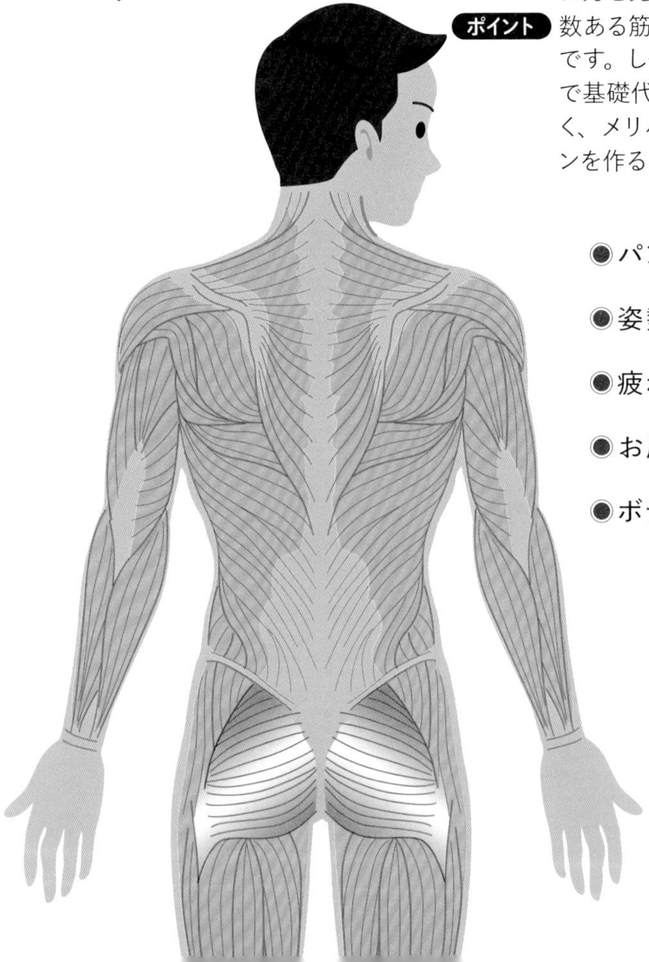

- パンツスタイルが決まる
- 姿勢がよくなる
- 疲れにくい下半身になる
- お尻がキュッと引き締まる
- ボディーラインが整う

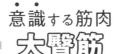

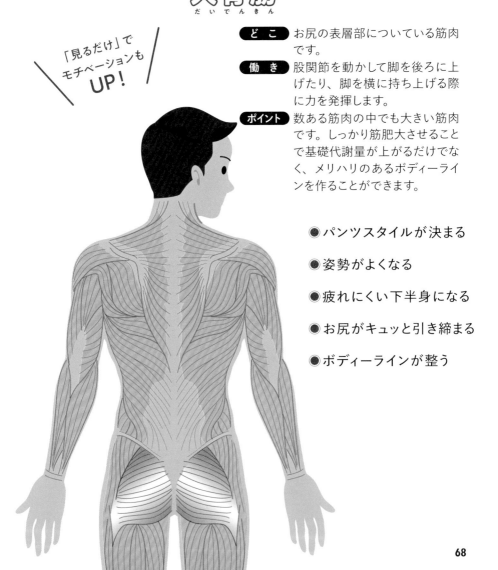

＼「見るだけ」で効果倍増！／

大臀筋

横

膝を曲げることより、股関節を曲げることを意識する。

後ろ

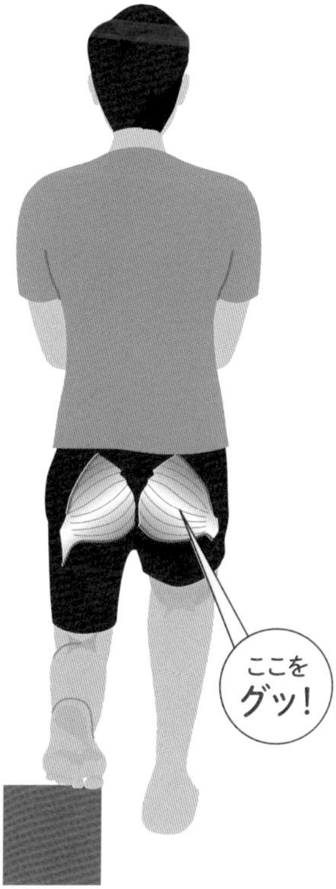

脚ではなく、前足側のお尻に力をグッと入れる。

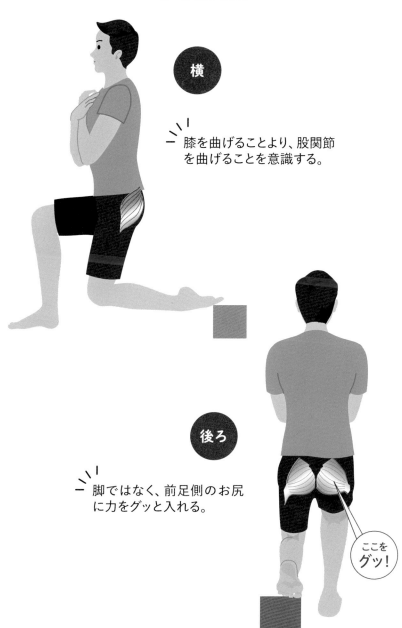

First exercise

ブルガリアンスクワット

1 脚を前後に開いて、後ろの脚のつま先を10センチほどの高さの台などに乗せて、片足立ちになる。手は交差して胸に置く。

2 胸を張って上体をまっすぐに保ったまま、前側の脚の股関節と膝を曲げて、ゆっくりカラダを下ろしていく。

膝を曲げるというよりも、前脚の股関節を曲げていく意識で！

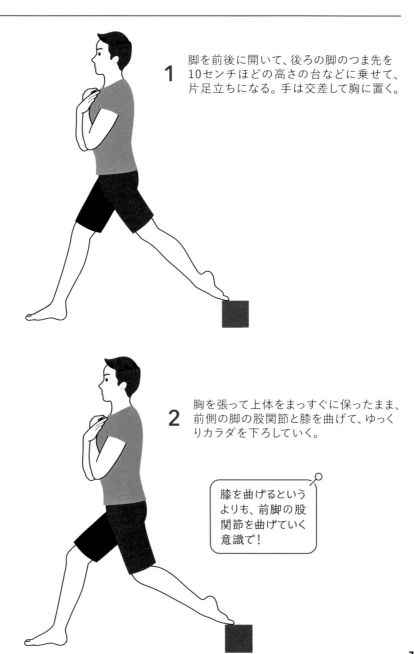

3 前脚の膝の角度が90度になったら、ゆっくりと元の姿勢に戻る。この動作を繰り返し、反対側も同様に行う。

後ろ脚の力は使わず、前側のお尻の力で戻る。

ブルガリアンスクワットが終わったら

一度パンプアップした大臀筋を見たり触って確認してみよう！
確認したら休憩を入れず、次のエクササイズへ！

Second exercise

バックキック

1 四つんばいになる。つま先は床についてかかとを立てる。

2 膝の角度を保ったまま、片方の脚を、ゆっくりと上げていく。

3 できるところまで持ち上げたら、ゆっくり元の姿勢に戻る。この動作を繰り返し、反対側も同様に行う。

股関節だけを動かし、大臀筋の力で持ち上げる！

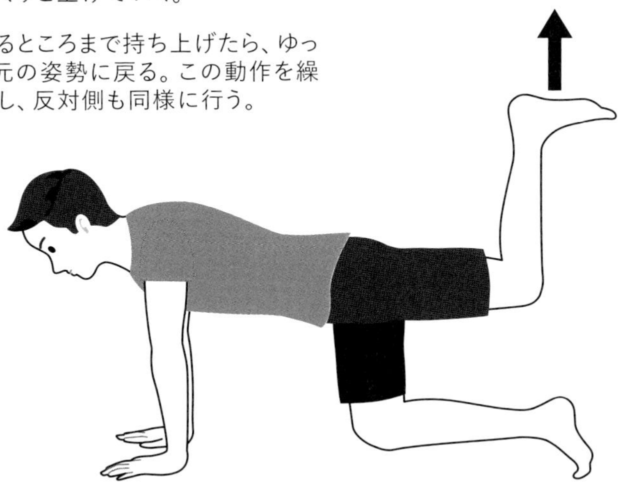

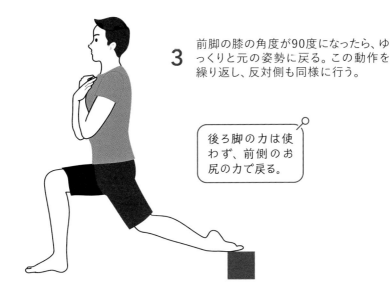

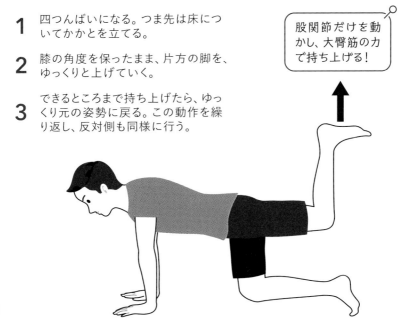

ヒップアップする

サイドウォーク

意識する筋肉 中臀筋《ちゅうでんきん》

「見るだけ」でモチベーションもUP!

どこ お尻の奥、大臀筋の深層にある筋肉です。

働き 股関節を外側に開くときに力を発揮します。

ポイント 鍛えることでヒップアップに効果があるだけでなく、股関節周りが安定することで姿勢がよくなるなどの効果もあります。

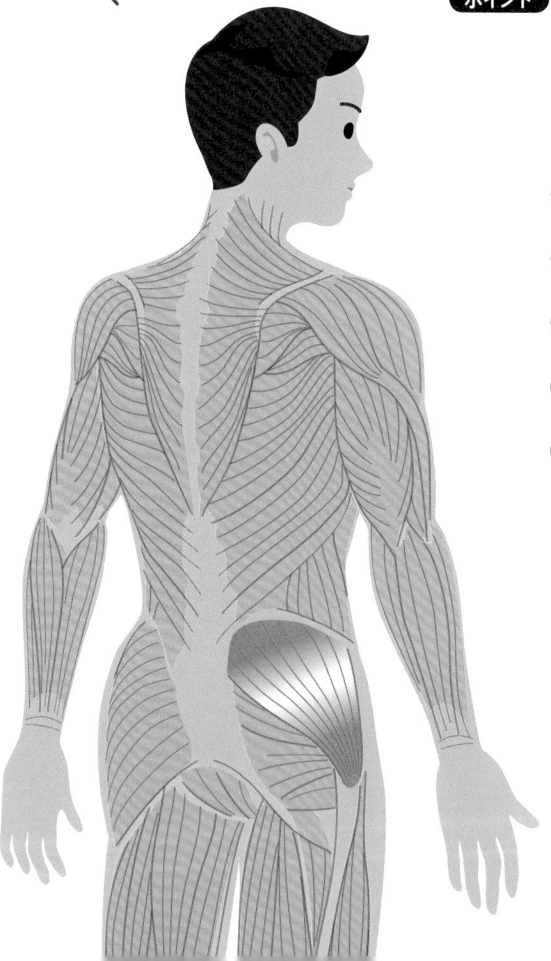

- パンツスタイルが決まる
- お尻がキュッと引き締まる
- 下半身が安定する
- 疲れにくい下半身になる
- 姿勢がよくなる

「見るだけ」で効果倍増!

中臀筋

後ろ

お尻の深部を意識して行うこと。

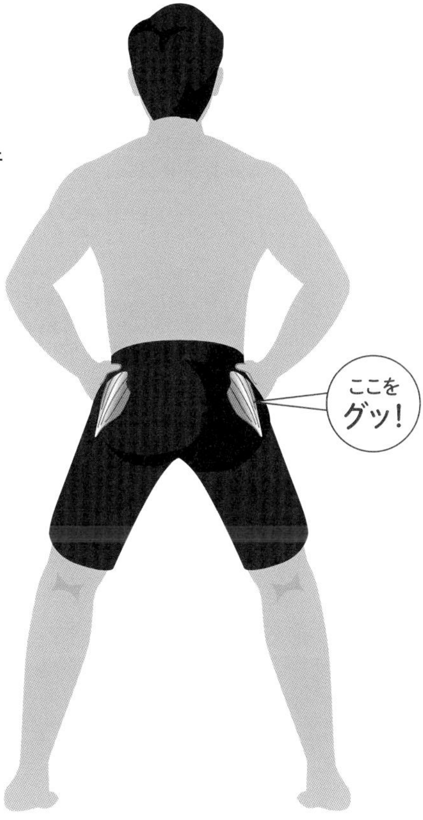

横

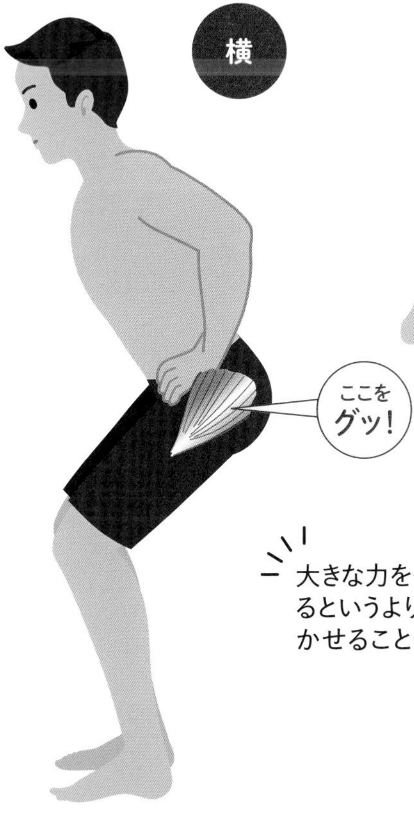

大きな力を一気に発揮するというよりも、じっくり効かせることを意識しよう。

First exercise

サイドウォーク

1 足を腰幅程度に開き、膝を軽く曲げる。上半身は軽く腰を反り、胸を張った姿勢になる。両手は腰にあてる。

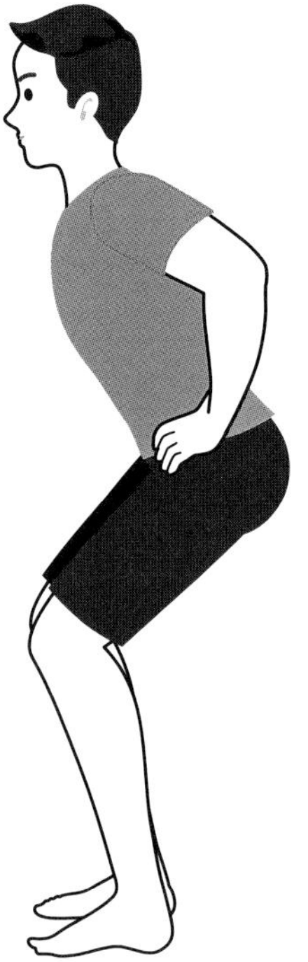

2 姿勢を崩さないように、左足を横へ一歩踏み出す。

姿勢が崩れたり膝や股関節がまっすぐに伸びてしまうと、お尻への負荷がなくなってしまうので注意。

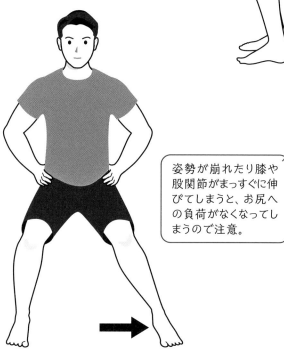

3 右足をひきつけ元の姿勢に戻る。左に5〜10歩歩いたら、同様の動作で右側へ5〜10歩歩く。

サイドウォークが終わったら

しっかり中臀筋に
効いているか確認してみよう!
確認したら
休憩を入れず、次のエクササイズへ!

Second exercise

サイドヒップレイズ

1 四つんばいになり、肩の真下に手をつき、股関節の真下に膝がくるようにする。かかとは立てる。

2 この姿勢から片方の膝を真横に持ち上げる。このとき、膝の角度が変わらないように、股関節だけを動かす。元の姿勢に戻り、反対側も同様に行う。

カラダをねじらずに、中臀筋で引き上げる!

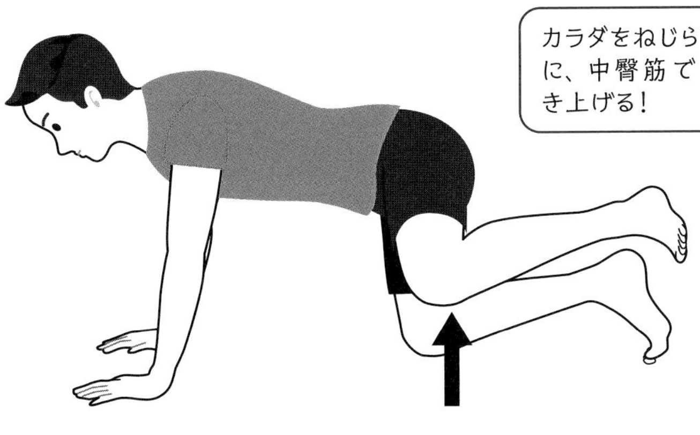

下半身が強くなる

スクワット

意識する筋肉

大《だい》腿《たい》四《し》頭《とう》筋《きん》

「見るだけ」で
モチベーションも
UP！

どこ 太ももの前に付着している筋肉です。

働き 股関節を曲げたり、膝を伸ばすときに働く筋肉です。

ポイント 歩行などで普段からよく使われる筋肉です。筋力も強く太い筋肉なので、筋肥大させることで基礎代謝量を高めます。どんどん強度を高めながら鍛えましょう。

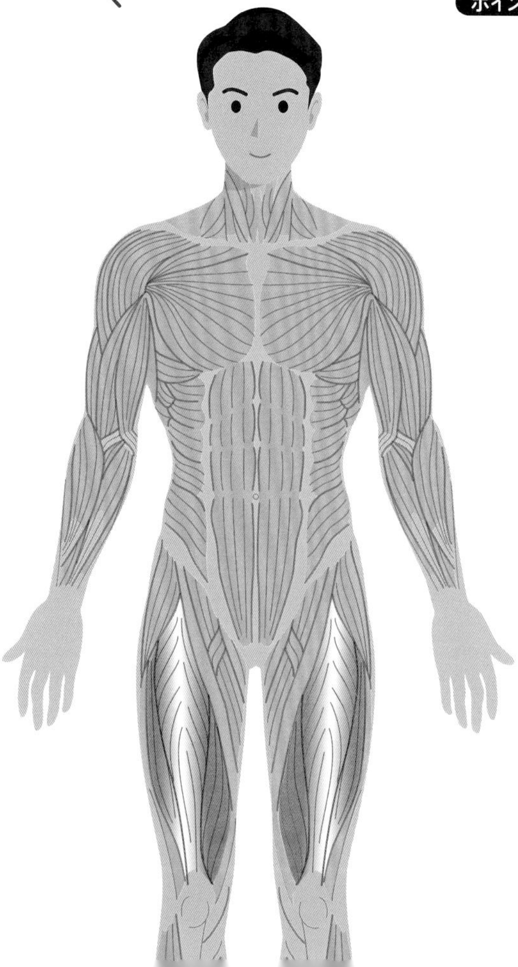

- たくましい太ももになる
- 姿勢がよくなる
- 基礎代謝を高める
- 重いものが持てるようになる
- 膝や腰などの関節の痛みの予防ができる
- 寝たきり予防になる

「見るだけ」で効果倍増!

大腿四頭筋

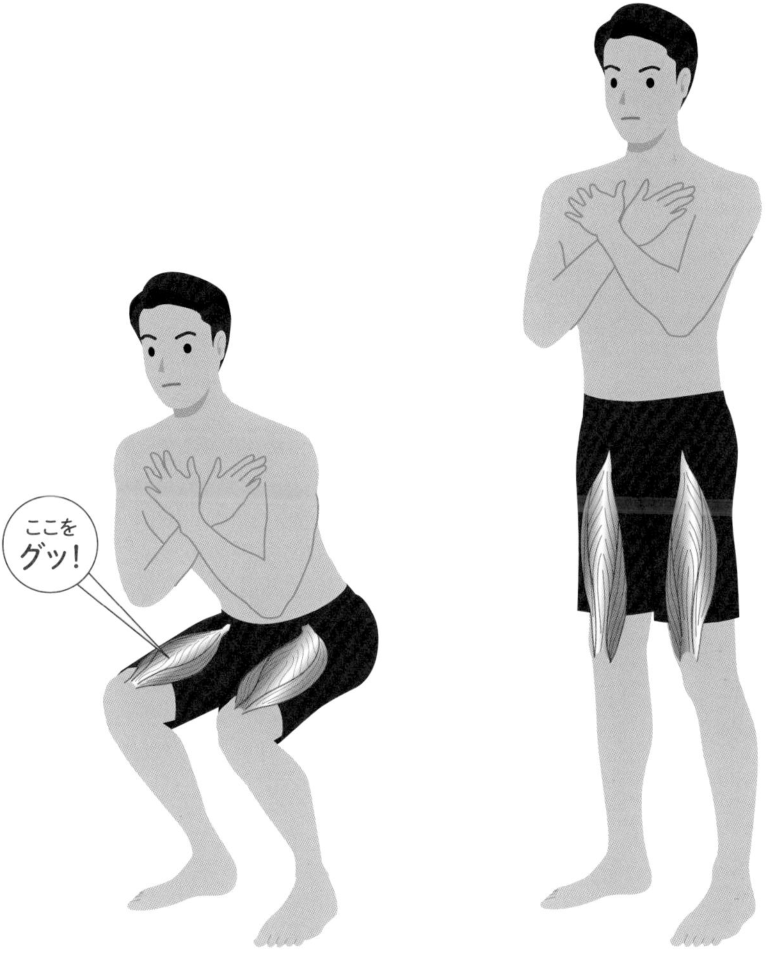

ただしゃがむだけではNG。膝が痛くなる可能性がある。
しっかりとしたフォームで行うこと。

大腿四頭筋を中心に、下半身全体の筋肉を鍛えられる。

First exercise

スクワット

1 足を肩幅よりもこぶし1つほど開いて立ち、つま先を30度ほど外側へ向ける。手は交差して胸に置く。軽く腰を反らせて胸を張る。

2 1の姿勢を保ちながら、股関節と膝を曲げていく。

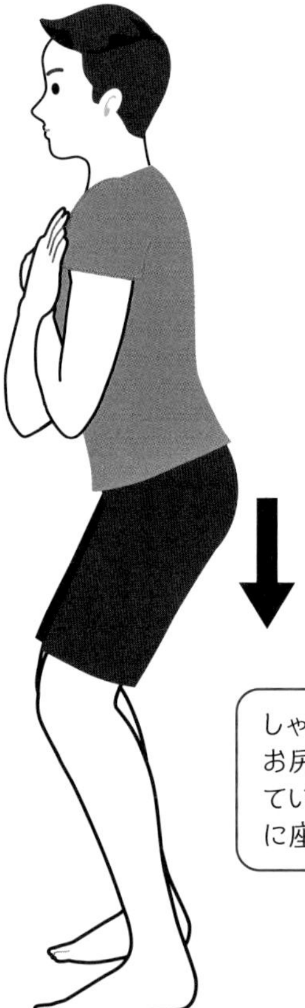

しゃがむというよりも、お尻を後ろに移動させていき、後ろにあるイスに座るような意識で。

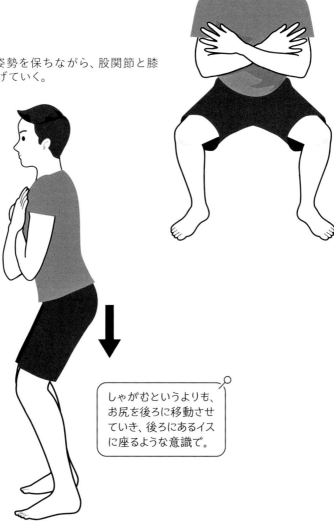

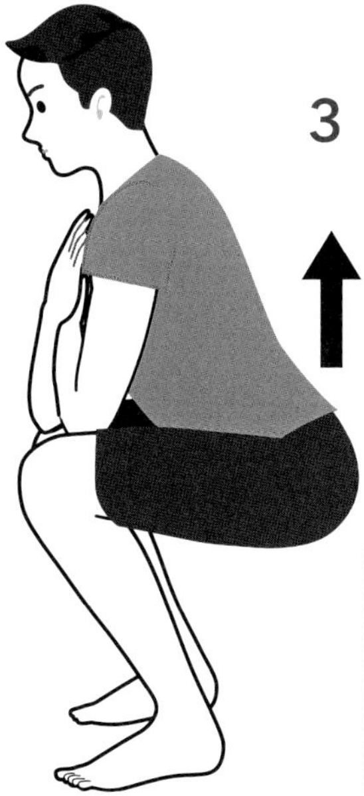

3 太ももが床と平行になるまでカラダを下ろしたら、元の姿勢に戻る。この動作を繰り返す。

スクワットが終わったら

一度パンプアップした大腿四頭筋を
見たり触って確認してみよう!
確認したら
休憩を入れず、次のエクササイズへ!

Second exercise

シシースクワット

1 壁やイスに片手を置いてカラダを支え、肩幅程度に足を開いて立つ。

2 上半身をまっすぐに保ったまま、つま先立ちになりながら膝を曲げていき、カラダを後ろに倒していく。

3 できるところまで倒したら、膝を伸ばして元の姿勢に戻る。この動作を繰り返す。

腰を反らせるのではなく、膝を前に出すように意識して。

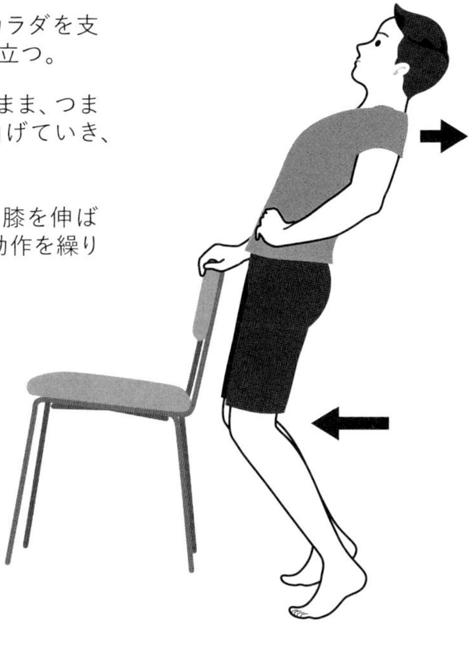

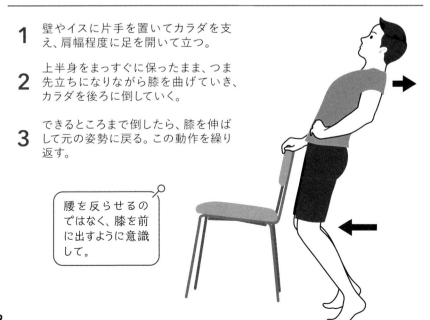

引き締まった太ももを作る

グッドモーニング

意識する筋肉

ハムストリングス

「見るだけ」で
モチベーションも
UP!

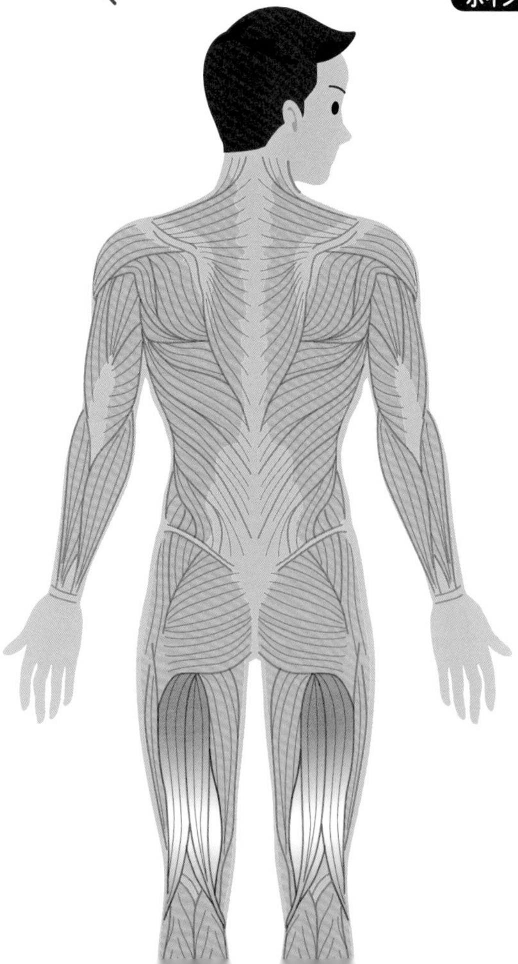

どこ 太ももの裏に付着している筋肉の総称です。

働き 脚を後ろに上げたり、膝を曲げる動作で力を発揮します。

ポイント 日常生活ではあまり使われる機会の少ない筋肉のため、どうしても太ももの前である大腿四頭筋に比べ弱くなりがちです。筋肉のバランスが崩れないように、しっかり意識して鍛えましょう。

- 引き締まったカッコいい脚になる
- パンツスタイルが決まる
- 疲れにくい下半身を作る
- 姿勢がよくなる
- さっそうと歩ける
- 重い物が持てるようになる
- 疲れにくくなる

「見るだけ」で効果倍増!

ハムストリングス

横

太ももの裏の筋肉を縮めるように意識する。

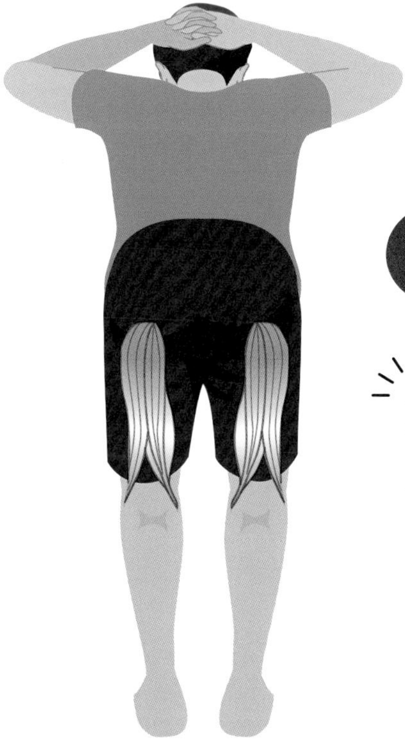

後ろ

エクササイズが終わったら、張りを解消するためにストレッチもしっかりしておこう。

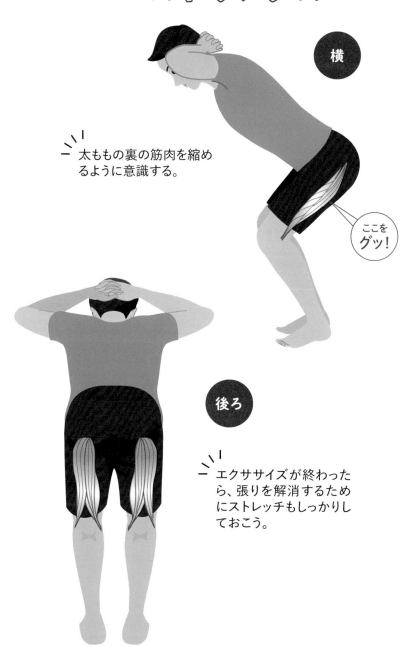

First exercise

グッドモーニング

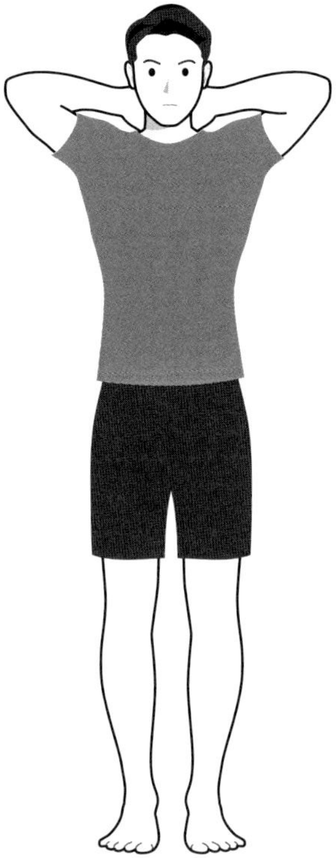

1 足を腰幅程度に開いて立ち、両手は頭の後ろで組む。

2 膝を軽く曲げて、お尻を後ろに下げるように意識しながら、上半身を股関から前に倒していく。膝は曲げ伸ばしをせずに固定し、背中は丸くならないよう注意する。

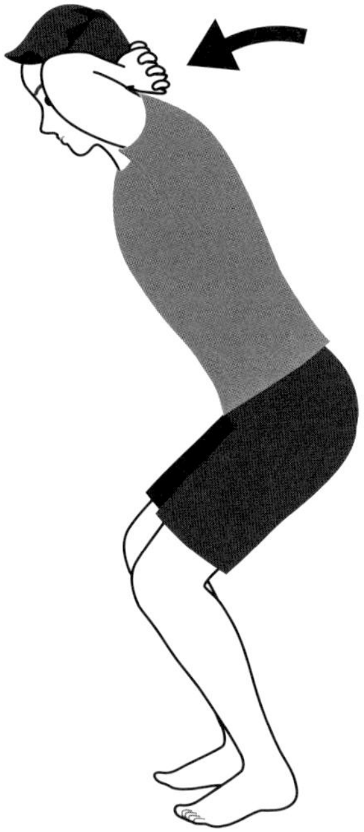

太ももの裏よりも、腰のほうがきつく感じる場合は、姿勢が崩れていないかチェックしよう。

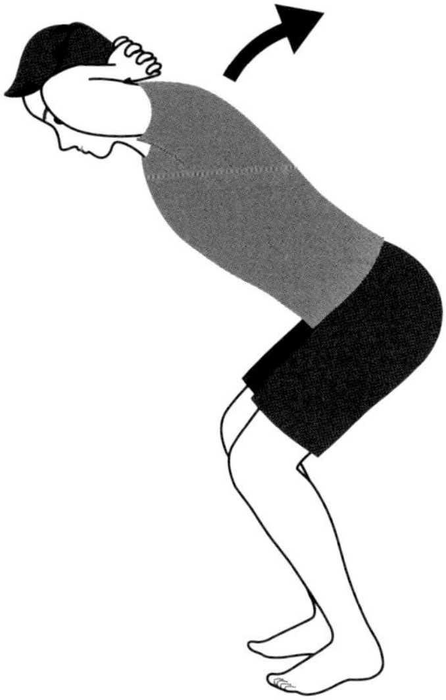

3 上半身が床と平行になるくらいまで下ろしたら、元の姿勢に戻る。この動作を繰り返す。

常に上半身の姿勢は崩さずに行う。

グッドモーニングが終わったら

一度パンプアップしたハムストリングスを見たり触って確認してみよう！
確認したら休憩を入れず、次のエクササイズへ！

Second exercise

ワンレッグヒップリフト

しっかり腰を持ち上げて、ハムストリングスを刺激しよう。

1 仰向けに寝て、膝の角度は90度くらいになるように両膝を立てる。両腕は軽く開いてカラダの横で床につく。

2 片脚を真っ直ぐ伸ばし、片脚でカラダを支えてお尻を床から持ち上げる。肩から膝、かかとまでが真っ直ぐになるまで腰を持ち上げ、その姿勢を20秒間キープする。反対側も同様に行う。

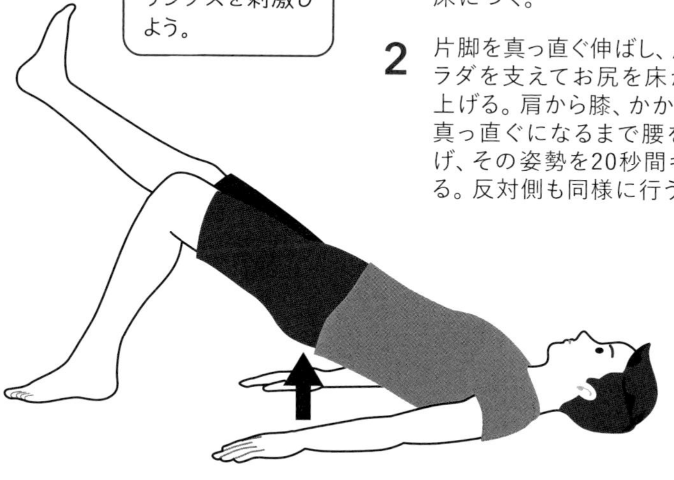

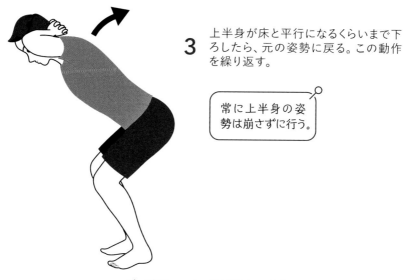

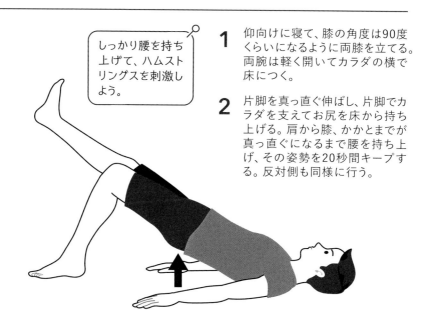

スラッとした脚を作る

サイドランジ

意識する筋肉
内転筋群《ないてんきんぐん》

「見るだけ」でモチベーションもUP!

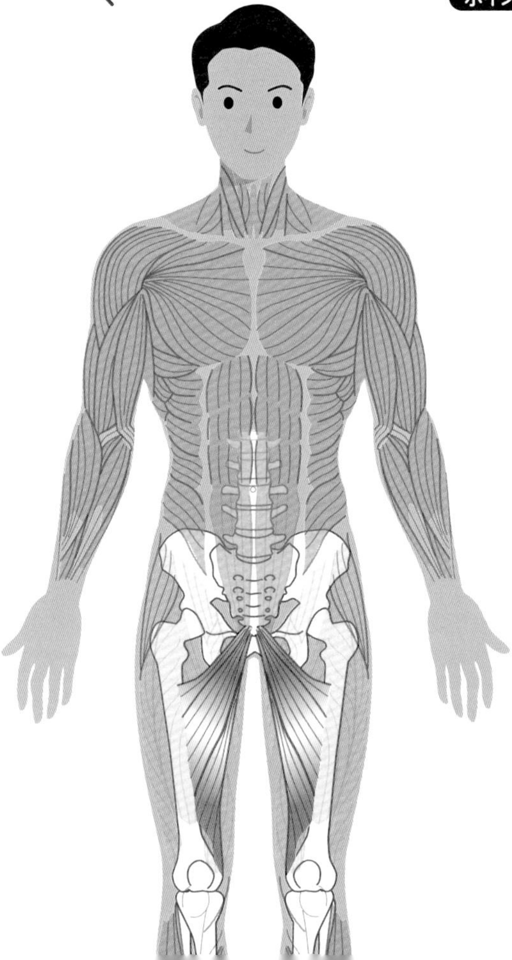

どこ 内転筋群は内ももに付着している筋群の総称です。

働き 脚を閉じるような動作や前に脚を持ち上げる動作で働きます。

ポイント 内転筋群を構成する筋肉はどれも細く力が弱いので、筋力が低下すると太ももの外側にある強い筋肉に引っ張られ、どうしても“がに股”気味に開いてしまいます。スラッとした脚を作るためには欠かせない筋肉です。

- がに股が改善する
- 引き締まった脚になる
- 細身のパンツが似合うようになる
- 姿勢がよくなる
- 下半身が疲れにくくなる
- スラッとした脚になる
- 脂肪が落ちる

「見るだけ」で効果倍増!

内転筋群

足を横に踏み出したら、着地するときに、内ももでカラダを支えるようにグッと力をこめる。

左右

元の姿勢に戻るときも、内ももを意識して床を蹴る。

First exercise

サイドランジ

1 足を閉じて立ち、手は交差して胸に置く。

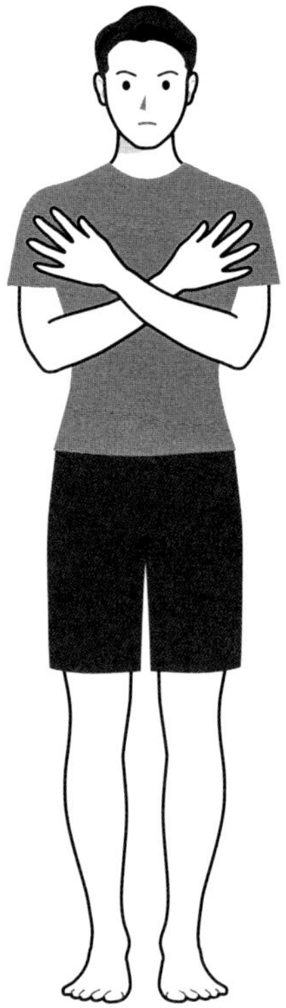

2 右足を真横に大きく一歩踏み出して、90度くらいまで膝を曲げる。つま先の向きと膝の曲がる方向が同じになるように注意する。左脚の膝はしっかり伸ばしておく。

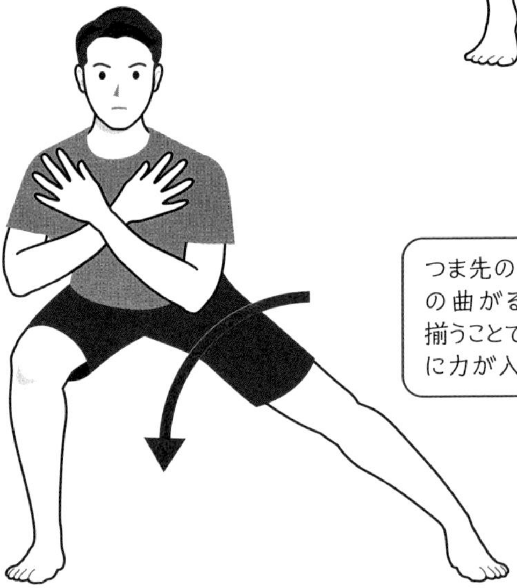

つま先の向きと膝の曲がる方向が揃うことで、内ももに力が入る。

3 蹴り出すように右足に力を入れて、元の姿勢に戻る。この動作を繰り返し、反対側も同様に行う。

＊姿勢が崩れやすい人は、踏み出す足幅を狭くして行い、慣れてきたら徐々に大きくしていくといい。

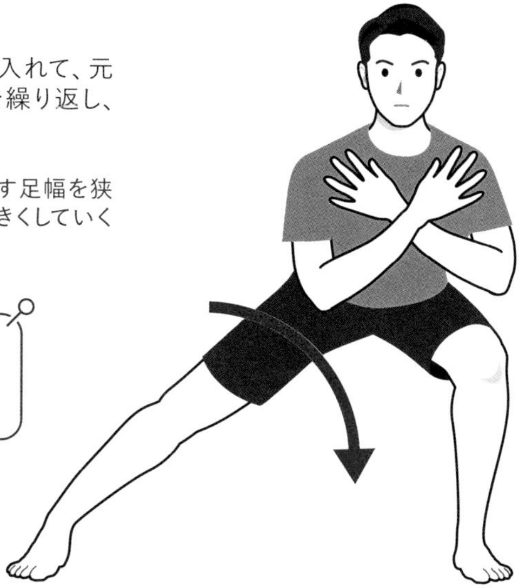

元に戻るときも、内ももにグッと力を入れる意識で。

サイドランジが終わったら

一度パンプアップした内転筋群を見たり触って確認してみよう！
確認したら休憩を入れず、次のエクササイズへ！

Second exercise

ワイドスクワット

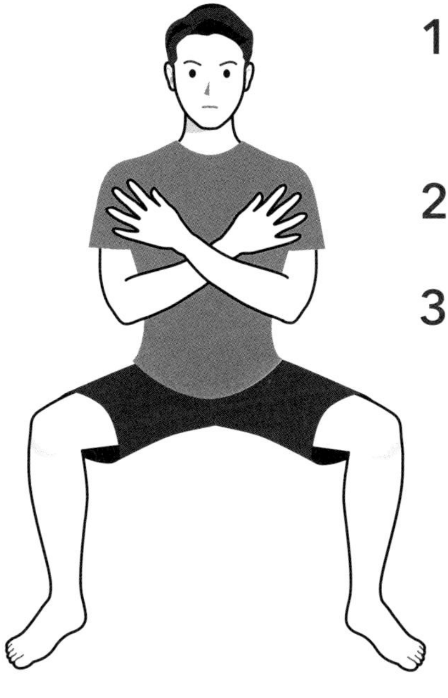

1 足を肩幅よりもこぶし2～3つ分外側へ開いて立つ。つま先は45度程度外側へ向け、両手は交差して胸に置く。胸を張り、軽く腰を反らせる。

2 上半身の姿勢を保ったまま、太ももが床と平行になるまで、股関節と膝を曲げていく。

3 元の姿勢に戻り、この動作を繰り返す。

膝が内側に入らないように、つま先と膝が同じ方向を向くように意識する。

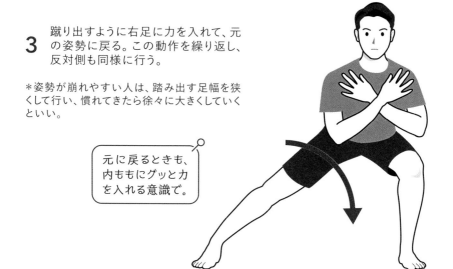

ふくらはぎを引き締める

ジャンピング カーフレイズ

意識する筋肉

腓《ひ》腹《ふく》筋《きん》

「見るだけ」でモチベーションもUP！

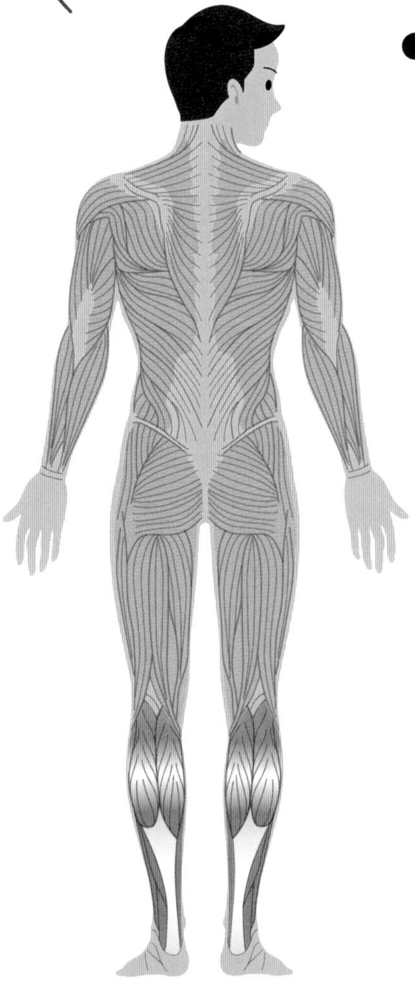

どこ ふくらはぎの表層に付着している筋肉です。

働き 足首を伸ばしたり膝を曲げる動作で力を発揮します。

ポイント 腓腹筋を鍛えることでグッと力を入れたときのふくらはぎの盛り上がりと、しまった足首の細さを作ることができます。

- 足首が引き締まる
- 歩いても疲れない
- 立ちっぱなしでも疲れない
- 足首が強くなる
- 足の血行促進に効果的
- ハーフパンツをカッコよく着こなせる

「見るだけ」で効果倍増!

腓腹筋

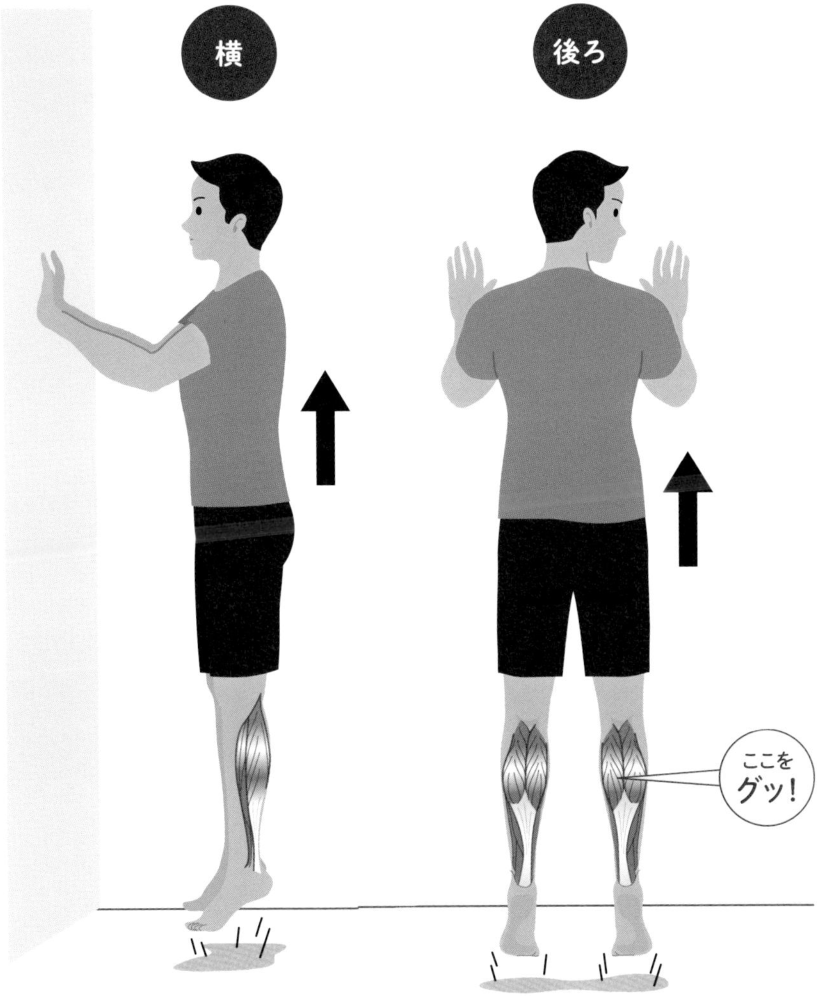

カラダの反動は使わずに、床を強く蹴るようにふくらはぎの力だけでジャンプする。

ふくらはぎは「第2の心臓」と呼ばれるほど、血液の循環に重要な筋肉。

First exercise

ジャンピングカーフレイズ

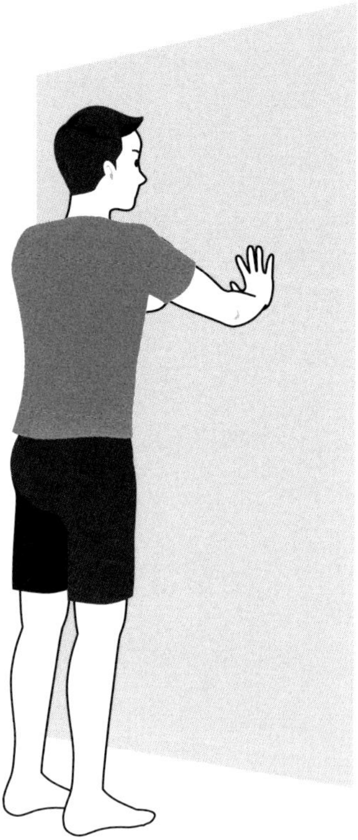

1 壁などに手をついてカラダを安定させ、腰幅程度に足を開いて立つ。

2 地面から跳び上がるように、かかとを浮かせてジャンプする。

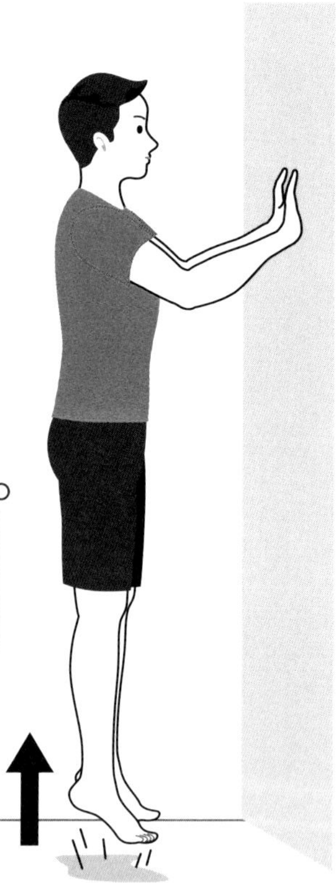

できるだけ高く跳ぶように、ふくらはぎにグッと力を入れる。

3 つま先から足の裏全体にやわらかく着地して、1の姿勢に戻る。この動作を繰り返す。

つま先だけで着地すると、足の裏の筋肉を痛めることがあるので、注意すること。

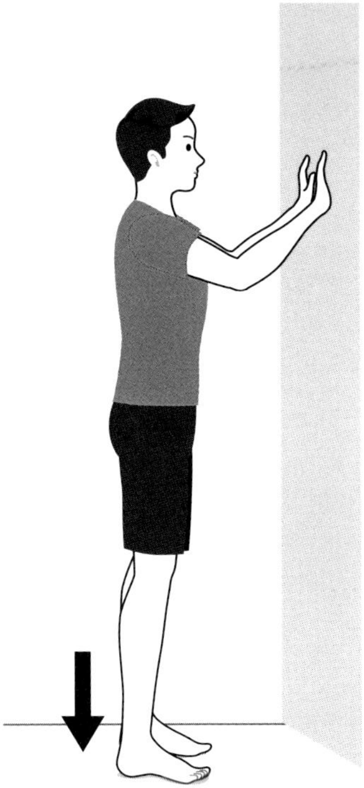

ジャンピングカーフレイズが終わったら

一度パンプアップした腓腹筋を見たり触って確認してみよう！確認したら休憩を入れず、次のエクササイズへ！

Second exercise

アイソメトリクスカーフレイズ

1 壁などに手をついてカラダを安定させ、腰幅程度に足を開いて立つ。

2 かかとをグッと持ち上げて、つま先立ちになり、20秒キープする。

負荷が低く感じたら、片足ずつやってみよう！

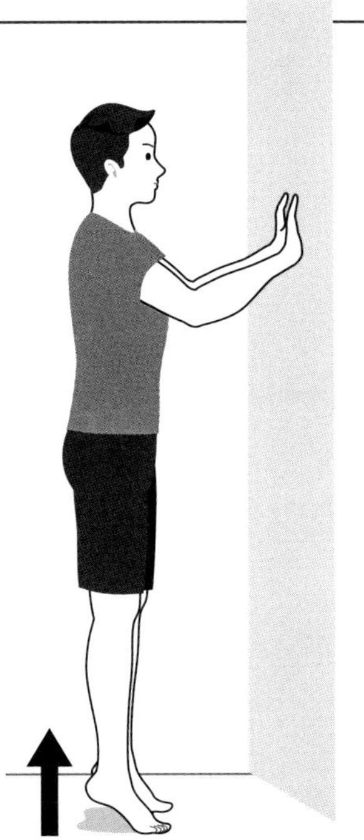

＊バリエーションとして、つま先の向きを内側・外側と変えてみるのも効果的。内側に向けると腓腹筋の内側を、外側に向けると外側により刺激が入る。

太いふくらはぎを作る

シーテッド カーフレイズ

意識する筋肉

ヒラメ筋

「見るだけ」でモチベーションもUP！

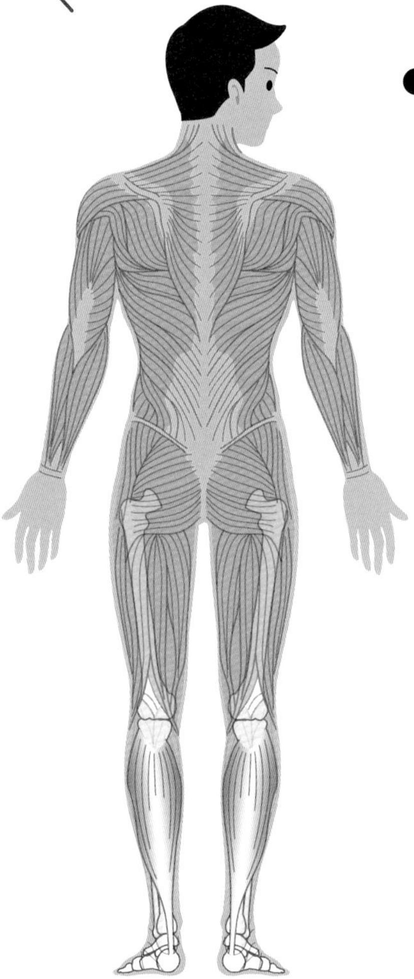

どこ ふくらはぎにある腓腹筋の深部に付着している筋肉です。

働き 腓腹筋と協力して、つま先立ちをするような動きで力を発揮します。

ポイント 深部にありますが、太いふくらはぎを作るためには鍛えたい筋肉です。ヒラメ筋をピンポイントに鍛えたい！という場合は、膝を曲げた姿勢で負荷がかかるエクササイズを選ぶと効果的です。

- 太いふくらはぎになる
- 歩いても疲れない脚になる
- 立ちっぱなしでも疲れない
- 足首が強くなる
- 足の血行促進に効果的

\\「見るだけ」で効果倍増!//

ヒラメ筋

横

腓腹筋と合わせてふくらはぎを構成する筋肉。

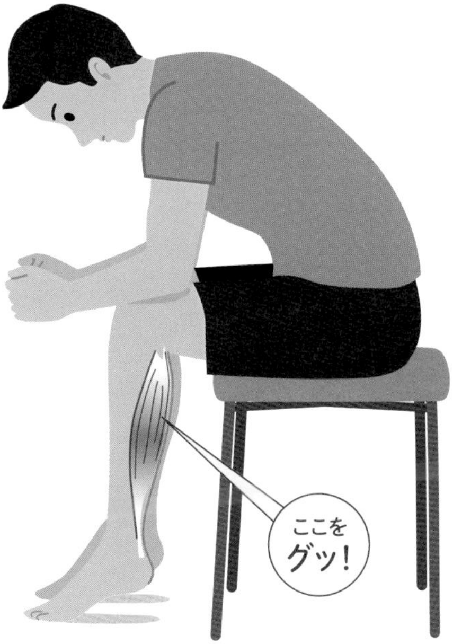

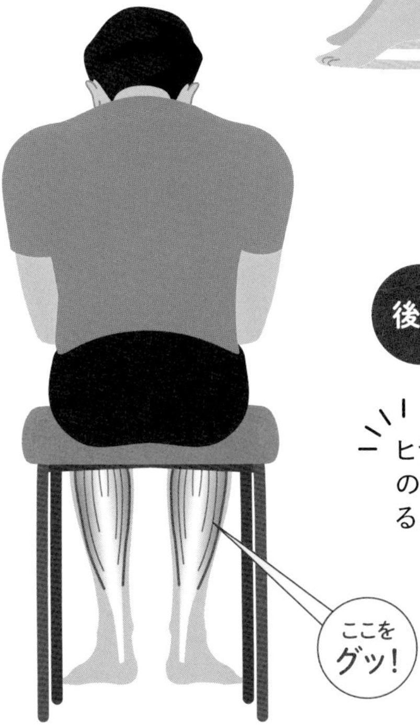

後ろ

ヒラメ筋は持久性が高いので、回数を多くして鍛えると効果的。

First exercise

シーテッドカーフレイズ

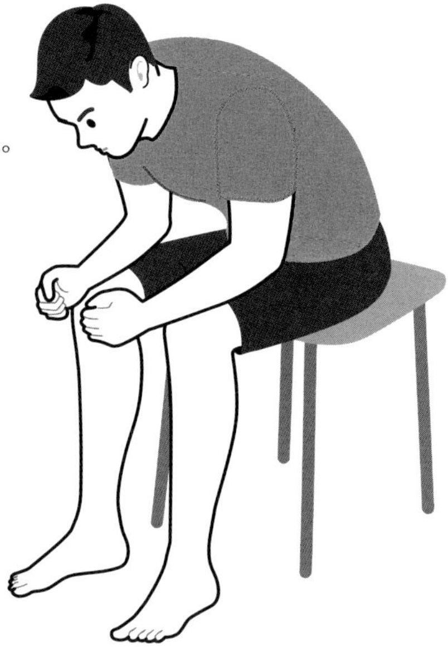

1 イスに座り、前腕を膝の上に乗せる。

2 膝を上から押すように、前腕に体重をかけたら、かかとを地面から上げて、つま先立ちになる。

しっかり膝に体重をかけて、ヒラメ筋に負荷をかけよう。

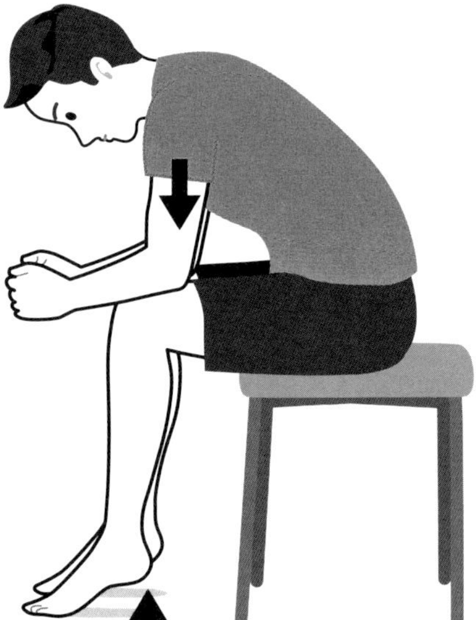

3 できるところまで上げたら、ゆっくりと元の姿勢に戻る。この動作を繰り返す。

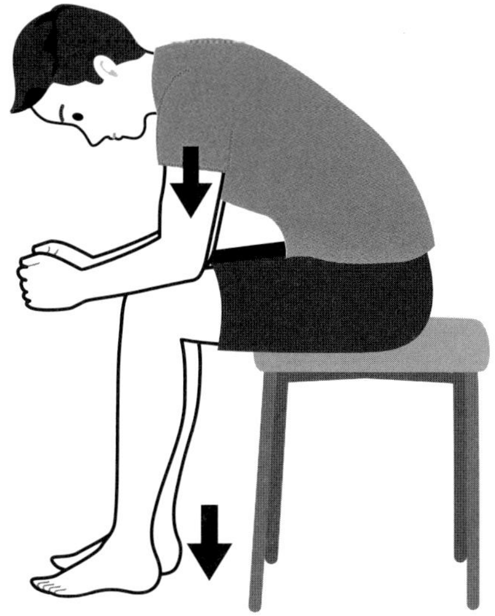

動作は大きく。動かす範囲が狭いと負荷が軽くなってしまう。

シーテッドカーフレイズが終わったら

一度パンプアップしたヒラメ筋を見たり触って確認してみよう！確認したら休憩を入れず、次のエクササイズへ！

Second exercise

スパインカーフレイズ

お尻が下がると負荷が減ってしまうので、しっかりカラダを一直線に。

1 仰向けに寝て、膝を床と垂直に立て、両腕はカラダの横で床について支える。

2 床から腰を持ち上げて、肩・腰・膝が一直線になるようにする。

3 2の体勢で、つま先立ちになるようにかかとを床から持ち上げる。ヒラメ筋を意識しながらこの姿勢を10秒間キープする。

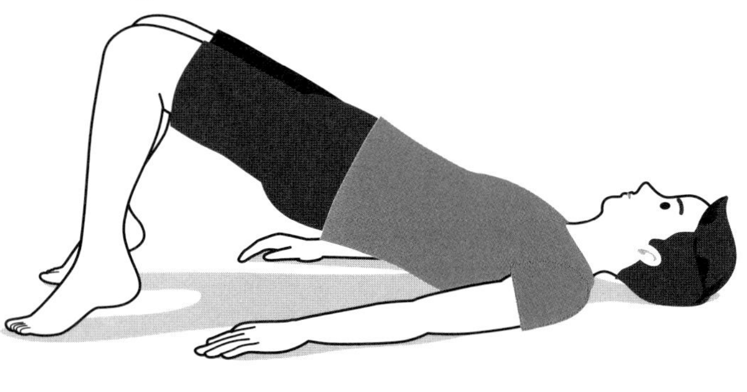

著者紹介

和田拓巳

プロスポーツトレーナー。プロアスリートやアーティスト、オリンピック候補選手などのトレーニング指導やコンディショニング管理を担当。
治療院勤務で得たケガの知識を活かし、リハビリ指導も行う。
医療系・スポーツ系専門学校での講師や健康・スポーツ・トレーニングに関する講演会・講習会の講師を務めること多数。
テレビや雑誌のほか、さまざまなメディアで多くの執筆・監修を行いトレーニング・フィットネスに関する情報を発信している。

Official site : https://wada0129.wixsite.com/takumiwada

イラスト／中川原透
本文デザイン／青木佐和子

見《み》るだけ筋《きん》トレ

2021年11月25日　第1刷

著　　者　和《わ》田《だ》拓《たく》巳《み》

発 行 者　小澤源太郎

責任編集　株式会社プライム涌光

電話　編集部　03(3203)2850

発行所　株式会社青春出版社

東京都新宿区若松町12番1号〒162-0056
振替番号　00190-7-98602
電話　営業部　03(3207)1916

印刷　大日本印刷　　製本　フォーネット社

万一、落丁、乱丁がありました節は、お取りかえします。

ISBN978-4-413-11369-4 C2075

© Wada Takumi 2021 Printed in Japan

本書の内容の一部あるいは全部を無断で複写（コピー）することは著作権法上認められている場合を除き、禁じられています。